가장 많은 현장 교사가 믿고 추천하는 우리 아이 첫 역사 입문서!

우리 역사를 처음 만나는 아이라면 꼭 읽어야 하는 책이다. 상상력이 풍부하고 이야기의 힘이 센 책이기 때문이다. 역사는 삶의 이야기라고 평소 생각해 왔는데, 이 책에는 우리 겨레 옛사람들의 살아 뛰는 삶이 담겨 있다. 이 책을 읽은 아이들이 만들어 갈 세상이 궁금하다.
― 김강수 서종초등학교 교사, 이오덕김수업연구소 연구원

전국 2000여 역사 선생님들의 교육 경험이 녹아 있는 책이기에 믿고 추천한다. 한솔이가 직접 체험하고 알게 된 역사 이야기를 읽으면서 나도 모르게 역사의 매력에 푹 빠져든다. 옛사람들의 고통과 기쁨을 느끼며 함께 울고 웃다 보면 저절로 역사 공부가 되는 책이다.
― 황은희 서울창원초등학교 교사, 역사교육연구소 어린이분과 연구원

역사라는 딱딱한 속살에 만화라는 말랑한 옷을 입힌 이 책은 따뜻하고 유쾌한 역사책이다. 만화 안에 연표, 사진 등이 조화롭게 배치되어 아이들의 이해를 돕는다. 어린이의 눈높이에 맞춰 쓴, 어린이를 위한 최고의 역사 만화라 할 만하다.
― 심은보 평택죽백초등학교 교사

어린이들이 읽기에 어렵지 않으면서 내용도 알찬 역사책을 찾기란 쉽지 않다. 내용과 재미를 모두 갖추었을 뿐만 아니라 아이들이 좋아하는 만화로 구성된 책이라 더 반갑다. 한솔이와 함께 떠나는 역사 여행을 통해 역사 공부의 참맛을 느낄 수 있는 책이다.
― 안선미 서울대학교사범대학부설중학교 교사

만화책이지만 굵직하면서도 단단한 깊이가 있다. 역사를 바라보는 시선이 따뜻하고 관점도 건강하면서 또렷하다. 역사는 단순히 외우는 지식, 과거에만 머무르는 지식이 아닌 현실에서의 의미를 함께 생각하는 지식임을 알려 준다. 역사와 금세 친해질 수 있게 하는 책이다.
― 윤일호 진안장승초등학교 교사

역사적 사실만 잔뜩 늘어놓는 교과서에서 아이들이 얻을 수 있는 것은 시험 점수뿐이다. 반면 이 책은 역사는 삶을 다루는 '옛이야기'라는 사실을 깨닫게 해 준다. 우리가 옛이야기를 즐겨 읽는 까닭은 시대를 뛰어넘는 삶의 지혜가 담겨 있기 때문이다. 옛이야기처럼 흥미롭고 재미있으면서도 역사와 시대를 보는 '지혜'라는 선물까지 선사하는 책이다.
— 박진환 논산내동초등학교 교사

5000년 한국사 이야기를 꼭꼭 씹어 섬세하게 풀어내면서 초등학생의 눈높이와 마음을 읽어 내듯 유쾌하고 재미있다. 어린이들이 우리 역사의 장면들과 그 속의 인물들을 친근하면서도 새롭게 볼 수 있는 책이다.
— 이민아 시흥연성초등학교 교사

역사는 암기 과목이라는 편견을 깨 주는 멋진 책이다. 아이들의 수준에 맞춰 알기 쉽게 풀어 가면서도 온 가족이 함께 읽어도 좋을 만큼 내용이 탄탄하다. 최신 연구 경향을 반영하여 알차게 구성된 점 또한 칭찬할 만하다.
— 김성전 서울수리초등학교 교사

단순한 역사적 사실만 전달해 주는 것이 아니라 사건의 의미와 왜 그런 일이 일어났는지에 대해 아이들 스스로 생각해 볼 수 있도록 입체적으로 구성되어 있다. 역사는 지루하다는 아이들의 생각을 바꿔 주는 책이다.
— 김정미 서울연희초등학교 교사

역사! 이 어려운 말도 알고 보면 이야기다. 지금 우리가 겪는 삶은 누군가의 생각이고 말이다. 그 흐름 위에 우리는 끊임없이 생각과 말을 섞는다. 지난 삶의 이야기를 결코 얕지 않게 《초등학생을 위한 살아있는 한국사》는 들려준다. 삶의 긴 흐름에 이야기를 섞는 힘과 눈을 우리 어린이들에게 선물하는 책이다.
— 윤승용 남한산초등학교 교사

초등학생을 위한
살아있는 한국사

② 통일 신라부터 고려 시대까지

전국역사교사모임 원작 | 윤종배 글 | 이은홍 그림

초대하는 글

《초등학생을 위한 살아있는 한국사》를 펴내며

《어린이 살아있는 한국사 교과서》를 펴낸 지 벌써 20년이 되었습니다. 2002년, 전국역사교사모임에서는 청소년을 위한 최초의 한국사 대안 교과서인 《살아있는 한국사 교과서》를 선보였어요. 완전히 새롭고 참신한 형태의 교과서를 제시했다는 평가와 함께 많은 관심과 사랑을 받았지요.

얼마 후 초등학생에게도 우리 역사를 제대로 알려주어야 한다는 생각으로 《어린이 살아있는 한국사 교과서》를 펴냈습니다. 만화에 관심이 많은 중학교 역사 교사 윤종배, 이성호 선생님이 글을 쓰고, 최고의 역사 만화가 이은홍 화백이 그림을 그렸지요. 이 책은 충실하고 탄탄한 내용으로 어린이들에게 많은 사랑을 받았어요.

책이 나온 지 10년이 넘어가던 2015년, 새로운 연구 성과를 반영하고 현대사 부분의 내용을 대폭 고쳐 개정판을 냈습니다. 본문도 좀 더 세련되게 편집했고, 제목도 《초등학생을 위한 맨처음 한국사》로 새롭게 달았지요. 감사하게도 개정판 역시 초등학생들에게 꾸준히 사랑받았답니다.

그리고 2024년, 이 책을 다시 새롭게 개정하게 되었습니다. 그동안 쌓인 역사 학계의 연구 성과와 바뀐 역사 교과서의 내용을 반영하고, 과장된 부분이나 오해할 수 있는 부분을 다듬었어요. 특히 시간이 흘러 현재와 다른 현대사 부분을 손보았지요. 급변하는 시대에 20년이나 된 책을 계속 펴내는 게 의미가 있을지에 대한 근본적인 고민도 했지만, 여전히 이 책을 찾는 초등학생 독자와

부모님이 많다는 사실에 용기를 냈어요.
 어린이 역사책이 쏟아지고 있지만, 초등학생 어린이들에게 자신 있게 권할 수 있는 책은 많지 않습니다. 《초등학생을 위한 살아있는 한국사》는 선생님들께서 수업에 활용하기도 하고, 친구들이 과제를 수행하는 데 쓰기도 하고, 가족과 함께 읽고 이야기를 나누기에도 좋아요. 역사적 사실을 넘어 그 의미와 교훈, 생각할 거리까지 다룰 수 있다는 점에서 다른 책에 비해 돋보이지요. 어린이의 눈높이에 맞춰 우리 역사를 친절하게 풀어 주어서, 읽을수록 그 속에 담긴 뜻과 재미를 느낄 수 있는 책이라고 자부합니다.
 부족한 부분이 많지만, 우리 역사를 처음으로 찬찬히 배워 나가는 데 《초등학생을 위한 살아있는 한국사》가 조금이나마 도움이 되기를 진심으로 바랍니다.

2024년 9월
전국역사교사모임, 이은홍·윤종배·이성호

작가의 말
얘들아, 우리 역사를 가지고 놀아 볼까?

'역사' 하면 어떤 느낌이 드니? 지겨울 것 같다고? 재미있을 것 같아? 뭐, 아무 느낌이 없어? 크~.
역사란 옛날 사람들이 어떻게 살았는지에 관한 이야기란다. 나랑 다른 시대에 살았던 많은 사람의 이야기. 그 속엔 전쟁도 있고, 사랑도 있고, 눈물도 있고, 웃음도 있지. 어때, 재미있을 것 같지?
그렇지만 가만히 남의 이야기만 듣다 보면 금방 따분해지게 마련이지. 타임머신을 타고 그 옛날로 가서 역사를 확 바꿔 버릴 수 있다면 어떨까? 정말 신나겠지? 물론 옛날에 이미 일어났던 일을 내가 실제로 바꿀 수는 없겠지. 그렇지만, '그 상황에서 그 사람은 왜 그런 선택을 했을까, 나라면 과연 어떤 선택을 할까' 하고 생각해 볼 수는 있단다. 내 머리로 생각하는 역사, 내가 다시 만들어 보는 역사는 얼마든지 가능하다는 얘기야. 그게 역사를 공부하는 진짜 이유이기도 하고.
역사 만화책 벌써 많이 봤다고? 그래, 요즘 역사 만화책이 참 많더구나. 우리 친구들이 쉽게 다가갈 수 있는 역사 만화가 많아진 건 아주 좋은 일이라고 생각해. 하지만 좀 걱정스럽기도 해. 재미만 생각해서 별로 믿을 수 없는 이야기를 진짜인 것처럼 쓴 책도 있고, 정작 필요한 내용보다는 우스갯소리만 잔뜩 늘어놓은 책도 있더구나. 무엇보다 왜 역사를 공부해야 하는지, 어떻게 역사를 공부해야 하는지에 대해 생각해 볼 수 있는 좋은 역사 만화책은 아직까지 별로 없는 것 같아.

이 책은 원래 중·고등학생들을 위한 《살아있는 한국사 교과서》라는 책을, 초등학생들도 알기 쉽게 만화로 만든 거란다. 교과서를 만화로 만들었기 때문에, 이야기 하나하나마다 어떤 내용이 정말 중요하고 알아야 할 내용인지, 이 이야기를 읽고 나면 어떤 생각을 할 수 있을지, 또 이 내용을 잘 알기 위해서는 어떤 방법으로 어떻게 공부하면 좋을지를 꼼꼼히 따져 봤단다. 이야기 하나하나가 나름대로 의미가 있으면서 전체가 다시 연결되도록 말이야.

그렇다고 '공부'만 앞세운 재미없는 책은 절대 아니니까 걱정하지 마. 아까도 얘기했지만, 자기 머리로 생각하는 역사가 진짜 역사야. 그래도 혹시 좀 어려운 부분이 있다면, 주인공 한솔이처럼 선생님이나 부모님과 함께 읽으면서 이런저런 이야기를 나눠 보렴. 어느새 생각이 부쩍 커진 스스로를 발견하게 될 거야.

자, 이제 준비됐지? 우리 다 같이 한솔이와 함께 우리 역사가 펼쳐지는 풍성한 잔치 마당에 가서 신나게 놀아 보자고!

이은홍·윤종배·이성호

차례

초대하는 말 4
작가의 말 6
등장인물 소개 10

1장 통일 신라의 새 모습 12
역사 돋보기 죽어서도 바다의 용이 되어 22

2장 고구려를 이은 발해 24
역사 돋보기 발해의 역사를 밝히는 등불 34

3장 부처님의 나라 신라 36
역사 돋보기 석굴암, 과학과 예술의 만남 46

4장 장보고와 신라의 명암 48
역사 돋보기 해상왕 장보고의 발자취 60

5장 새 나라를 만들자 62
역사 돋보기 불교에 새 바람이 불지니 72

6장 후삼국을 넘어 하나로 74
역사 돋보기 택견하는 부처님 86

7장 문벌 귀족의 나라 88
역사 돋보기 고려 청자의 맛과 멋 98

8장 고려, 거란·여진과 싸우다 100
역사 돋보기 슬기롭지만 약한(?) 나라 112

9장 고려 백성들의 삶 114
역사 돋보기 고려 시대 여성들은 어떻게 살았을까? 126

10장 개경이냐, 서경이냐 128
역사 돋보기 우리 역사 천년 동안의 대사건 140

11장 무신들이 권력을 잡다 142
역사 돋보기 천민 출신 이의민, 세상을 놀라게 하다 154

12장 이 땅에 천민을 없애자 156
역사 돋보기 말하는 짐승, 노비 168

13장 몽골과 맞선 고려 사람들 170
역사 돋보기 해인사 이야기 182

14장 권문세족 활개치다 184
역사 돋보기 슬픈 여인, 고려의 궁녀 196

15장 개혁의 고빗길에서 198
역사 돋보기 고려 불교의 안타까운 모습 210

등장인물 소개

한솔
호기심 많고 덜렁대는 초등학교 3학년 장난꾸러기.
살아 있는 우리 역사를 느끼면서 조금씩 생각이
깊어지는 우리의 주인공.

한솔이 누나
한솔이의 중학생 누나.
한솔이 덕분에 역사에 관심을 가지게 된다.

한솔이 이모
역사에 대해 모르는 게 없는 척척박사.
한솔이의 친절한 역사 도우미.

한솔이 부모님
강화도 고인돌 유적지에서 만난 인연
때문인지 우리 역사를 가족만큼이나
사랑하시는 한솔이의 부모님.

아름
선생님 질문에 가장 먼저 '저요, 저요!'를 외치는 똑똑한 모범생. 가끔은 잘난 척도 하지만 밉지 않은 한솔이의 단짝 친구.

현수
공부는 못하지만 마음씨만은 1등인 개구쟁이. 까불거리며 엉뚱한 말을 많이 해 아이들을 웃긴다.

한솔이네 반 담임 선생님
언제 어디서나 한솔이네 반을 이끌어 주시는 선생님. 밝고 친절해서 아이들에게 '인기 짱'이다.

한솔이네 반 친구들

1장

통일 신라의 새 모습

역사 연대표

- **676년** 신라, 대동강 이남에서 당군 몰아냄
- **698년** 대조영, 발해 건국
- **751년** 김대성, 불국사와 석굴암 건립
- **828년** 신라, 장보고의 건의로 청해진 설치
- **900년** 견훤, 후백제 건국
- **936년** 고려, 후삼국 통일
- **958년** 고려, 과거 제도 실시
- **1019년** 귀주 대첩
- **1126년** 이자겸의 난
- **1135년** 묘청, 서경 천도 운동
- **1170년** 무신 정변
- **1198년** 만적의 난
- **1231년** 몽골의 1차 침략
- **1275년** 응방 설치해 원에 바침
- **1366년** 전민변정도감 설치, 개혁 추진

경주 부근의 감은사 터

아버지 김춘추를 도와 통일 전쟁에 앞장섰던 문무왕은 당나라 군사를 대동강 너머로 몰아낸 뒤 깊은 생각에 잠겼다. 그는 투구를 벗어 땅에 묻고 곳곳에 절을 짓게 했다. 이제 전쟁의 시대는 끝나고 평화의 시대가 찾아왔다. 얼마나 힘겨운 전쟁이었으며, 얼마나 간절히 바라던 평화였던가? 문무왕은 죽은 다음에도 동해 바다의 용이 되어 나라를 지키리라 다짐했다.

1장 통일 신라의 새 모습

가까이에서 본 문무왕 수중릉

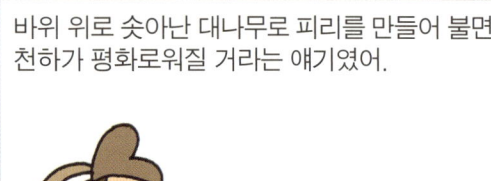

1장 통일 신라의 새 모습

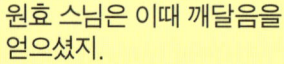

 **역사 돋보기**

죽어서도 바다의 용이 되어

대왕 바위라고 부르는 이곳은 문무왕의 무덤으로 알려져 있다. 삼국 통일을 이룩한 문무왕은 죽어서도 바다의 용이 되어 신라를 지키겠다고 유언하였다. 그에 따라 불교식 장례를 치른 뒤 동해 바다에 묻었다고 하는데, 해변에서 약 200미터 떨어진 곳이라 한다. 대왕 바위를 보면, 해변의 자연 바위에다 사방으로 물길을 내고 가운데를 파서 사람이 일부러 손질한 흔적이 있다.

신문왕이 아버지 문무왕을 기리기 위해 세운 감은사와 가까운 거리에 있으며, 감은사와 대왕 바위 중간쯤에 있는 이견대에서 바라볼 때 가장 멋진 모습을 감상할 수 있다.

《삼국유사》에는 아들 신문왕이 대왕 바위에서 감은사 아래까지 물길을 내고 구멍을 파서 힘들고 지친 용이 잠시나마 감은사에서 쉬어 갈 수 있도록 하였다는 기록이 있다. 실제 물길을 낸 흔적이 발견되어, 문무왕의 뜻을 기리고 그를 바탕으로 나라를 튼튼히 지켜 내겠다는 신라 사람들의 의지를 지금도 느낄 수 있다.

한때 대왕암이 우리나라의 하나뿐인 수중릉(물속 무덤)이라는 주장과, 단지 왕의 유골 가루를 뿌린 곳이

라는 주장이 맞서 논쟁이 벌어진 적이 있다. 사방으로 물길을 내고 가운데 뚜껑돌이 있는 것으로 보아 그 바윗돌 아래에 문무왕의 유골이 묻혀 있을 거라는 주장이 한동안 사실로 믿어졌다.

그러나 불교식 장례를 하였다면 당연히 화장을 하였을 것이고, 뼛가루를 해안에서 가깝고 신령스러움이 느껴지는 바위에다 뿌렸을 것이라는 주장에도 관심이 쏠렸다. 어느 쪽이든, 문무왕의 나라 사랑하는 마음과 논쟁 속에서 하나씩 밝혀지는 역사 수수께끼의 재미를 느낄 수 있기는 마찬가지이다.

 덤

감은사 탑은 석가탑의 조상

감은사 탑은 통일 직후 신라의 솟아오르는 힘을 감동적으로 표현하고 있다. 삼국 통일의 의미를 담아 3층으로 쌓은 것일까? 우리나라 탑은 대개 층수는 홀수로 올리고 탑 날개 모양은 짝수 모양으로 만들었다. 하늘은 양(+)의 기운이므로 홀수로 층을 쌓고, 날개 모양은 음(-)의 기운에 맞게 4각, 6각, 8각 등 짝수로 만들었던 것이다. 감은사 탑은 이러한 탑 쌓기의 원리가 멋진 솜씨와 만나 이루어진 통일 신라 초기의 탑이며, 훗날 석가탑의 좋은 본보기가 되었다.

대왕 바위 안쪽 모습
"나는 죽어서도 용이 되어 내 나라를 굽어 살피리라."는 문무왕의 유언이 전해지는 수중릉.

2장

고구려를 이은 발해

역사 연대표

- 676년   신라, 대동강 이남에서 당군 몰아냄
- 698년   대조영, 발해 건국
- 751년   김대성, 불국사와 석굴암 건립
- 828년   신라, 장보고의 건의로 청해진 설치
- 900년   견훤, 후백제 건국
- 936년   고려, 후삼국 통일
- 958년   고려, 과거 제도 실시
- 1019년   귀주 대첩
- 1126년   이자겸의 난
- 1135년   묘청, 서경 천도 운동
- 1170년   무신 정변
- 1198년   만적의 난
- 1231년   몽골의 1차 침략
- 1275년   응방 설치해 원에 바침
- 1366년   전민변정도감 설치, 개혁 추진

발해 상경성 궁전 터

고구려는 쉽게 쓰러지지 않았다. 한 많은 역사를 마감하기에는 할 일이 너무 많이 남았던 까닭이다. 그리하여 고구려인들은 다시 뭉쳤다. 일찍이 고조선이 터를 닦았고 부여가 일어났으며 고구려가 거느리던 그 땅에, 옛 모습 그대로 일어섰다. 솟구치는 힘과 호탕한 정신이 더욱 넘실거리는 발해의 깃발로!

발해는 당나라뿐 아니라 거란족 그리고 일본과도 활발히 교류했습니다.

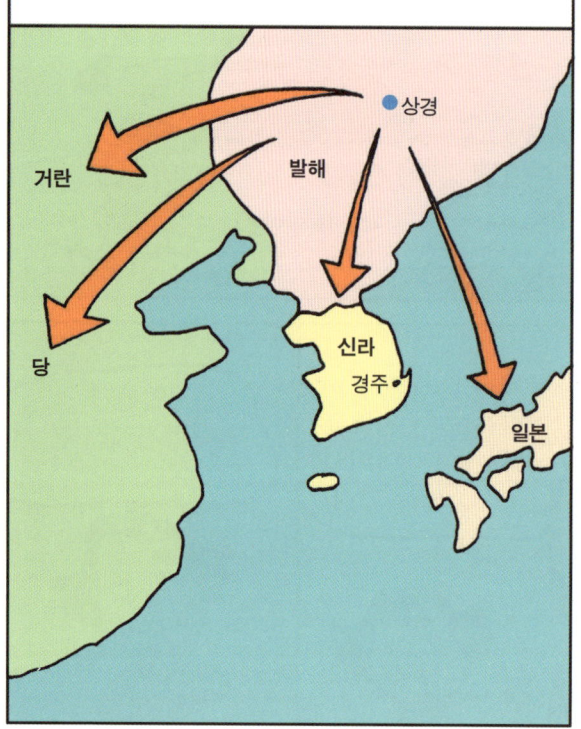

처음에 당나라가 발해를 공격할 때에는 신라도 당나라 편을 들었지만, 점차 사이가 나아져 한때는 사신이 왕래하기도 했습니다.

어서 오이소!

발해 사신 문안 드리오!

신라가 삼국을 통일했기 때문에 이때를 흔히 통일 신라 시대라고 부르곤 하지만,

통일 신라는 676~935년, 발해는 698~926년까지 두 나라는 200여 년을 함께 있었다오.

고구려 유민들이 옛 자기네 땅에 발해란 나라를 다시 세운 것이니, 이때를 남북국 시대로 부르기도 합니다.

발해는 북국 신라는 남국!

선생님, 질문 있습니다.

중국에서는 예전부터 발해를 자기네 역사라고 우겨 왔다던데… 왜 그러는 거죠?

오호~ 좋은 질문이야!

자자, 여러분~ 주목!

30

2장 고구려를 이은 발해

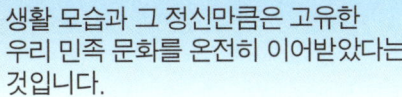

 역사 돋보기

발해의 역사를 밝히는 등불

발해의 문화는 당나라 문화의 영향을 많이 받았고, 고구려의 흔적 또한 또렷이 남아 있어 다소 복잡해 보인다. 중국에서는 발해가 자기네 역사라고 주장하고 있는데, 그 근거로 발해 수도의 구조와 정치 체제 등을 들고 있다.

한 나라의 수도는 그 나라의 얼굴이라 할 수 있고 또 그 나라의 문화를 상징하는 곳이기도 한데, 발해의 수도인 상경성은 당의 수도 장안성과 비슷하게 설계되어 있고 정치 제도도 당의 틀을 약간 바꾼 정도였다는 점에서 그렇다는 것이다. 여기에다 유교 정치 이념을 본받아 다스리려고 하였다는 점도, 당나라와 문물 교류를 통해 많은 것을 배워 갔다는 점도 강조하고 있다.

하지만 고구려의 흔적은 더 잘 보인다. 비록 도시 설계는 당나라를 흉내 냈을지 모르지만, 집집마다 온돌을 만들어 난방을 하였다. 온돌은 우리 민족에게서만 나타나는 난방 방법이다.

사진에 나오는 석등은 발해의 상경성 제1절 터에서 발견된 것이다. 현무암으로 만들어졌고 광개토 대왕릉비와 비슷한 높이인 6.4미터의 거대한 규모이다. 아래위를 연꽃무늬로 장식하였고, 강하고 힘찬 것이 고구려 미술의 특징이 느껴진다. 석등은 어둠을 밝히

는 것으로, 부처의 말씀이 진리의 등불이라는 상징을 담고 있다.

석등을 중요시하는 것도 우리나라 불교의 특징인데, 이처럼 거대한 석등을 만들었다는 것은 발해 문화에 고구려의 정신이 깃들어 있음을 다시 한 번 확인하게 해 주는 것이다. 더욱이 발해 왕 스스로가 외교 문서에 자신을 고려 왕이라고 이름 붙였다는 것은 발해 스스로 발해가 고구려의 후손임을, 즉 우리 겨레의 일부임을 선언한 것이나 다름없다.

발해 석등
웅장하고 힘찬 발해의 건축 기술을 보여 주고 있으며, 상경성 제1절 터에 우뚝 서 있다.

덤

발해인의 사랑법
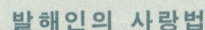

발해 사람들은 부부의 정이 남달랐다고 한다. 그래서인지 다른 나라에서 하듯 남자들이 첩을 둔다든지, 바람을 피운다든지 하는 일이 많지 않았다고 한다. 외국에 사신으로 갔다가 고향의 아내를 생각하며 쓴 발해인의 시도 일본 역사책에 제법 남아 있다. 또한 남편이 다른 여자와 사귀면 본부인이 그 여자를 혼내 주었다는 기록도 있다. 이를 증명하듯 발해 무덤에는 부부를 함께 묻은 합장묘가 많다. 사진은 발해 문왕의 넷째 딸 정효 공주의 무덤 안에 그려진 벽화인데, 그녀 역시 먼저 간 남편 옆에 나란히 묻혔다.

3장

부처님의 나라 신라

역사 연대표

- 676년   신라, 대동강 이남에서 당군 몰아냄
- 698년   대조영, 발해 건국
- 751년   김대성, 불국사와 석굴암 건립
- 828년   신라, 장보고의 건의로 청해진 설치
- 900년   견훤, 후백제 건국
- 936년   고려, 후삼국 통일
- 958년   고려, 과거 제도 실시
- 1019년   귀주 대첩
- 1126년   이자겸의 난
- 1135년   묘청, 서경 천도 운동
- 1170년   무신 정변
- 1198년   만적의 난
- 1231년   몽골의 1차 침략
- 1275년   응방 설치해 원에 바침
- 1366년   전민변정도감 설치, 개혁 추진

경주 불국사

부처님 나라의 절, 불국사. 삼국 시대 사람들의 마음을 사로잡은 불교의 가르침은 이제 생활이 되고, 예술이 되었다. 삼국을 통일한 신라는 싸움이 사라지고 평화가 깃든 터전에서 그토록 꿈꾸어 왔던 이상적인 국가를 만들고자 했다. 부처님의 향기와 발자취를 따르며 온 나라에 자비로움이 가득하기를 기도했다.

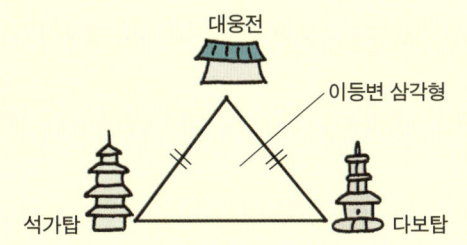

석굴암과 불국사는 모두 김대성이란 귀족이 앞장서서 만들었지만 사실은 왕실이 뒷받침한 국가 사업이었어.
현재의 신라 왕실이 잘되길 바라는 마음으로 불국사를, 앞으로 내내 잘되길 바라며 석굴암을 만들었지.

두 문화재 모두 통일 신라 백성들의 정성이 없었다면 만들어지지 못했을 거야.

3장 부처의 나라 신라

 역사 돋보기

석굴암, 과학과 예술의 만남

석굴암은 불국사와 함께 신라 전성기에 만들어진 건축물로, 유네스코가 지정한 세계 문화 유산이다. 중국, 인도의 석굴과는 달리 산비탈에 인공으로 돌을 쌓아 만든 것이다. 앞부분은 네모꼴의 복도, 뒷부분은 둥근 지붕의 원형 건물이다.

석굴암은 안개와 습기가 많기로 유명한 토함산 자락에 있는데도 불상이며 석굴 벽에 습기의 흔적이라고는 찾아볼 수 없다. 차가운 샘물 위에 지어 습기를 스스로 아래로 빼 냈으며, 돌을 짜맞추어 지은 건물이라 돌틈으로 바람이 드나들어 자연스럽게 환기가 되었기 때문이다.

원형 건물에는 부처의 조각이 자리하고 있다. 그런데 원의 중심에 있지 않고 약간 뒤로 물러서 있다. 부처님이 원의 중심에 있으면 예배자의 입장에서 볼 때 실제로는 성큼 앞으로 다가와 있는 느낌을 주기 때문이란다. 그리고 석굴암의 둥근 지붕과 둘레, 부처님은 그냥 지어진 것이 아니라 철저한 계산 하에 일정한 비율대로 지어졌다.

안정감이 있으면서도 멋들어진 건물은 신라의 수학과 과학이 예술과 만나 이룩된 것이다. 여기에다 돌을 비단 짜듯 하였다는 옛사람들의 칭찬처럼, 돌을 솜씨 있게 다듬어 더욱 세련되고 훌륭한 걸작을 만들어 냈다. 한 가지 아쉬운 것은 일제 강점기 때에 일본인들이 석굴암을 고쳐 짓는다면서 시멘트를 씌워 놓는 바람에 환기가 제대로 안 되었고, 때문에 나중에 기계로 환기를 시키고 습기를 빼 내다 보니 석굴 벽에 금이 가게 되었다는 점이다.

 덤

부처님은 졸고 있다?

가끔 절에 가서 부처의 모습을 눈여겨보면 꼭 졸고 있는 것처럼 보일 때가 있다. 왜 그럴까? 우리나라 불상은 대개 절 건물 안에 모셔져 있어 앞마당에 떨어진 빛이 반사되어 아래쪽에서 이 상을 비추게 되는데, 이때 불상이 눈을 크게 뜨고 있으면 무섭게 느껴진다고 한다. 그래서 눈을 지그시 내리뜨고 있는 것이다. 그 앞으로 가서 엎드려 절하고 살짝 고개를 들면, 어느 각도에선가 불상의 눈과 절하는 사람의 눈이 마주치게 된다. 이럴 때면 부처님이 따뜻한 눈길을 보내는 것을 확인할 수 있다. 부처님은 서서 보는 구경꾼이 아니라 예배자를 바라보고 있는 것이다.

석굴암
석굴암 내부를 그래픽으로 재현한 것이다. 본존불 머리 위로 둥근 천장이 보이고, 그 아래 벽의 움푹 들어간 감실에는 감실 보살상이, 본존불 둘레 벽에는 부처의 10대 제자상이 보인다.

4장

장보고와 신라의 명암

역사 연대표

- 676년   신라, 대동강 이남에서 당군 몰아냄
- 698년   대조영, 발해 건국
- 751년   김대성, 불국사와 석굴암 건립
- **828년   신라, 장보고의 건의로 청해진 설치**
- 900년   견훤, 후백제 건국
- 936년   고려, 후삼국 통일
- 958년   고려, 과거 제도 실시
- 1019년   귀주 대첩
- 1126년   이자겸의 난
- 1135년   묘청, 서경 천도 운동
- 1170년   무신 정변
- 1198년   만적의 난
- 1231년   몽골의 1차 침략
- 1275년   응방 설치해 원에 바침
- 1366년   전민변정도감 설치, 개혁 추진

경주 안압지

기러기와 오리가 한가로이 노니는 연못에 연꽃과 물풀이 싱그럽다. 흥겨운 풍악 소리가 신라 하늘에 울려 퍼질 때, 그 소리 울음 되어 메아리친다. 신라 귀족, 그들만의 잔치가 계속되는 동안 신라 사회에는 어두운 그림자가 퍼져 갔다. 골품 제도에 억눌린 사람들과 세금과 노동에 시달리는 백성들에게 신라의 평화는 진정 무엇이었던가?

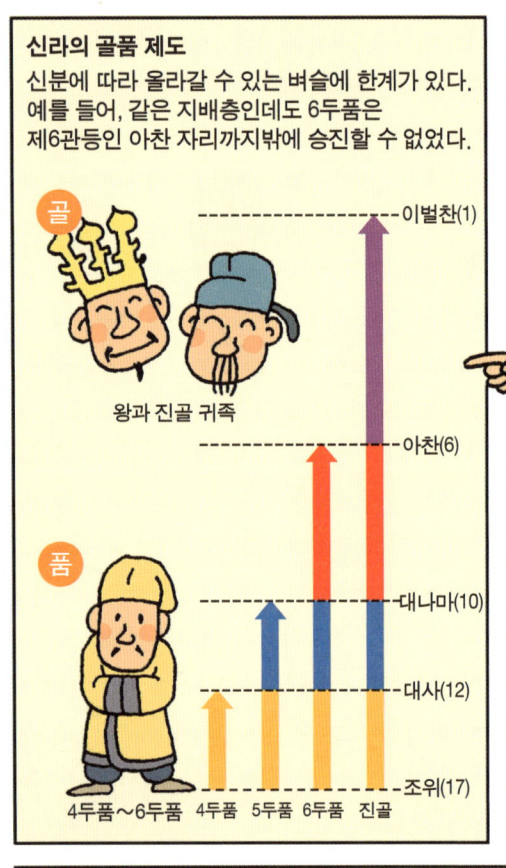

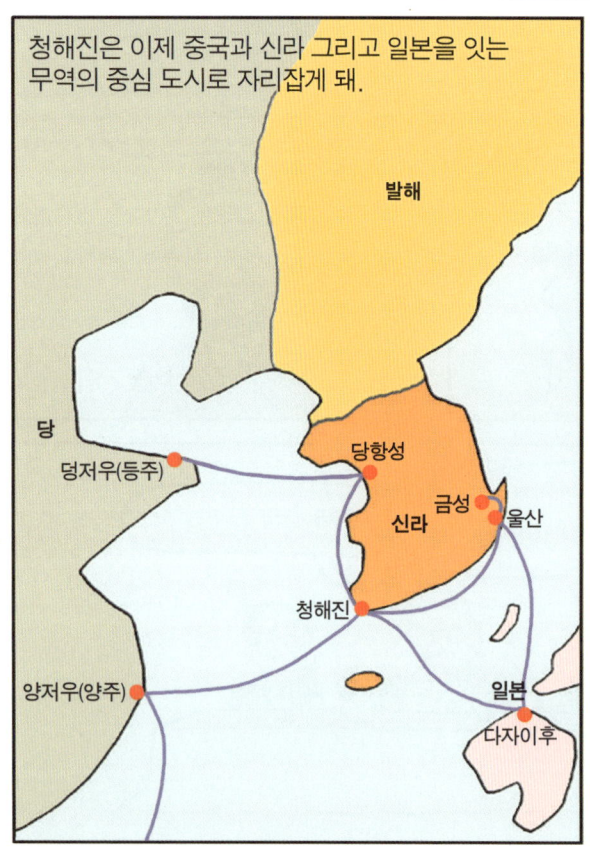

# 역 사 돋 보 기

해상왕 장보고의 발자취

전라남도 완도에는 신라 해상왕 장보고의 흔적이 곳곳에 남아 있다. 완도의 장좌리, 완도 바로 앞의 섬 장도(장군섬) 등 장군을 뜻하는 지명이 많고, 장도에는 방어용 목책을 세웠던 흔적도 남아 있다. 장보고의 흔적은 중국에도 있는데, 중국 산둥성 적산포라는 곳에는 장보고가 세운 법화원이라는 절이 있다.

법화원은 근처 신라인의 마을(신라방)에 사는 사람들과 뱃길로 신라와 중국을 오가는 이들의 건강과 안전을 빌었던 곳이다.

장보고는 단지 뱃길을 지켜 주는 사람으로 그치지 않았다. 적극적으로 무역 활동을 펼쳐 해상 무역의 거물로 성장하였고, 중국과 신라, 일본을 넘나들며 외교관 노릇도 하였다. 나아가 당나라의 도자기 기술을 받아들여 도자기를 직접 생산하였고 이를 다시 중국에 수출하는 장사 솜씨를 보이기도 하였다.

"불교 공부를 다 마친 후에 적산으로 돌아가 청해진을 거쳐 일본으로 가려 합니다. 엎드려 바라건대 장보고 대사에게 상세한 사정을 전해 주시기 바랍니다. 저는 내년 가을쯤 귀국하려고 합니다. 그때쯤 그렇게 돌아가는 배가 있으면, 저를 꼭 데려가 주시기 바랍니다."

이 글은 당시에 살았던 한 일본 스님의 편지로, 장보고의 도움을 얻어 중국을 드나든 사람이 꽤 많았음을 보여 준다.

이런 내용은 우리나라 기록보다 중국이나 일본의 역사책에 더 잘 남아 있어 당시 그가 얼마나 국제적으로 알려진 인물이었는가를 짐작하게 한다.

청해진 유적

 덤

청해진 목책
청해진에 세웠던 목책의 흔적이다. 장도에 있다.

외국인이 지켜 주는 무덤

8세기 신라 원성왕의 무덤인 괘릉에 들어서다 보면 돌로 조각된 낯선 외국인이 지키고 서 있는 걸 볼 수 있다. 어찌된 사연일까? 신라는 장보고가 활동하는 시기부터 외국과의 문물 교류가 많았다. 아라비아인들도 이때 드나들었는데, 그들은 경주가 금이 넘쳐나는 도시라고 여기고 있었다 한다. 헌강왕을 도와주었다는 처용의 이야기나 처용 탈춤에 쓰이는 탈의 생김새를 보아도 처용이 신라 사람이 아닌 아라비아 사람임을 짐작할 수 있다. 모두 신라의 활발한 교류를 보여 주는 증거이다. 사진의 돌조각이 바로 괘릉 입구를 지키고 서 있는 그 외국인이다.

청해진
사진 가운데 작은 마을이 완도 장좌리, 그 앞 작은 섬이 장도이다. 장보고는 이 장도에 성곽을 쌓았다.

5장

새 나라를 만들자

역사 연대표

- 676년   신라, 대동강 이남에서 당군 몰아냄
- 698년   대조영, 발해 건국
- 751년   김대성, 불국사와 석굴암 건립
- 828년   신라, 장보고의 건의로 청해진 설치
- **900년   견훤, 후백제 건국**
- 936년   고려, 후삼국 통일
- 958년   고려, 과거 제도 실시
- 1019년   귀주 대첩
- 1126년   이자겸의 난
- 1135년   묘청, 서경 천도 운동
- 1170년   무신 정변
- 1198년   만적의 난
- 1231년   몽골의 1차 침략
- 1275년   응방 설치해 원에 바침
- 1366년   전민변정도감 설치, 개혁 추진

경주 모량부 지역과 충주 철불

차갑고도 거친 피부, 다부진 몸매, 강렬하고 자신감 넘치는 눈. 신라 말의 혼란 속에 새로운 시대를 이끌 사람들이 하나둘씩 나타났다. 그들은 더 이상 신라 왕과 귀족들의 말에 고분고분하지 않았다. 때로는 권력을 좇아, 때로는 백성들을 위해 일어선 그들은 이제 어엿한 지배자로서 자기 고을을 주름잡았고, 온 나라를 품고자 했다.

통일 신라 말기의 세 최씨

최치원
12살 때 당나라로 건너가 18살 때 당나라 과거(빈공과)에 1등으로 붙었다.
885년에 신라로 돌아와 잠시 벼슬을 했으나 늘그막에 세상을 등지고 모습을 감추었다.

최승우
893년, 역시 빈공과에 붙어 이름을 떨쳤다. 당나라에서 벼슬을 하다가 귀국 후에 견훤 밑에 들어가 후백제를 이끌었다.

최언위
885년, 18살의 나이로 빈공과에 1등으로 붙었다. 42살 때 신라로 돌아와 여러 벼슬을 두루 지내고 고려가 세워진 후 태자의 선생님이 되었다.

"이제 이 세 분의 이야기를 들어 봅시다."

"내가 먼저 이야기하지. 음~ 통일 신라가 왜 갑자기 혼란스러워졌는지 궁금하지?"

나, 최치원

내가 태어나기 약 100년 전, 8살 난 어린 혜공왕이 왕위에 올랐어.

"아휴~ 귀여워!"

왕위를 탐내는 귀족들은 너도 나도 '이때다!' 하고 반란을 일으켰어.

"아휴~ 무서워!" "내가 왕 할래~!!"

5장 새 나라를 만들자 **65**

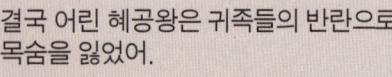

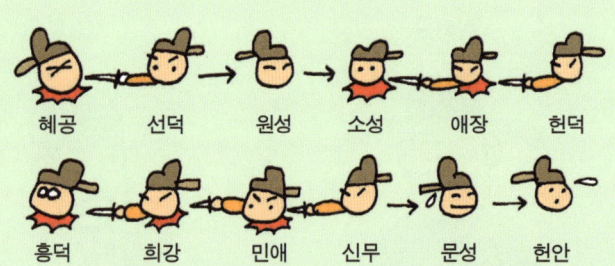

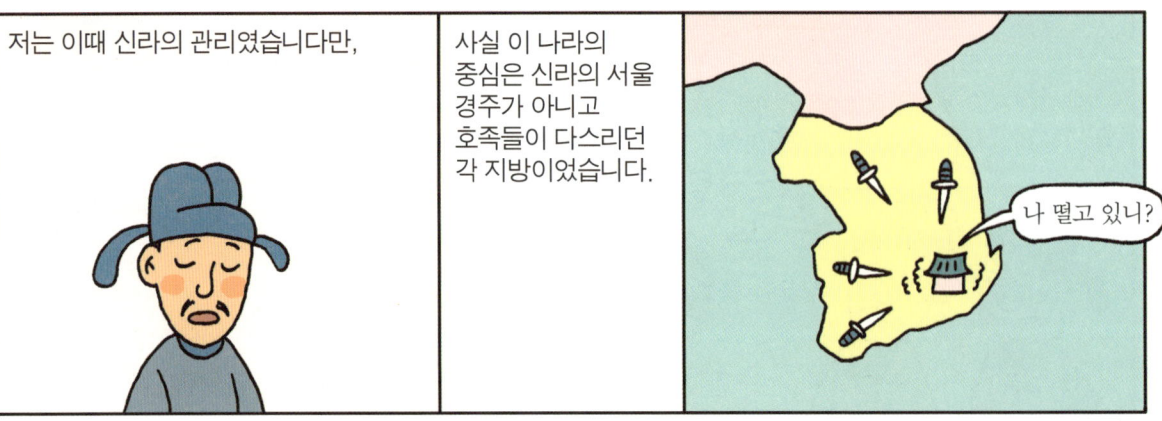

 **역사 돋보기**

불교에 새 바람이 불지니

통일 신라 시대에는 불교에 새로운 종파가 유행하였다. 이전부터 신라 불교를 이끌어 오던 교종(교리를 연구하는 종파)보다 참선을 중요하게 여기는 선종이 사람들의 마음을 사로잡았다. 교종은 교리를 중시하는 만큼 글자를 읽을 수 있어야 제대로 믿을 수가 있었고, 그래서 글을 읽을 줄 아는 귀족들이 자주 드나들다 보니 자연스럽게 절의 규모도 커지고 화려해질 수밖에 없었다.

이것은 가난에 지친 백성들에게는 그림의 떡과 같았고, 절의 규모와 화려함에 주눅 든 백성들은 교종과 점점 멀어져 갈 수밖에 없었다.

이런 상황에서, 중국에서 선종이 들어와 눈길을 끌게 되었다. 선종은 마음 닦는 일을 착실히 하고 바르게 살고 깊이 있게 생각하기를 가르쳤다. 신라 말기에 들어서면서 서울의 귀족에게 도전하는 지방 세력과 골품 제도의 불합리함을 비판하던 6두품 세력은 선종을 무척 마음에 들어 했다. '누구나 도를 깨우치면 부처가 될 수 있다.'는 주장 때문이었다. 백성들에게는 선종의 주장이 한결 불교를 가깝게 여기게 해 주었다. '글자를 몰라도 마음 닦는 것으로 깨달음에 이를 수 있다.'는 반가운 이야기였다.

이처럼 선종은 혼란스러웠던 통일 신라 말기에 마음 둘 곳 없는 사람들에게 큰 위안이 되었다. 전국에 걸쳐 선종 사찰이 지어졌는데, 선종 세력은 9개의 으뜸 사찰을 중심으로 날로 신앙의 힘을 키워 나갔다.

문경 봉암사 지중 대사 적조탑비

선종 사찰 가운데 하나인 경북 문경의 봉암사에 있는 것으로, 지증 대사의 공덕을 기리기 위해 세운 비석이다. 이 비석에 새겨진 글은 당시 최고의 문장가이자, 6두품 출신인 최치원이 직접 지은 것으로 유명하다.

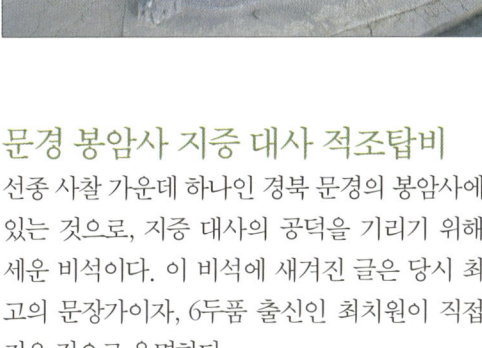

임금님 귀는 당나귀 귀

신라 경문왕 때, 대나무 숲에서 바람이 불 때마다 '임금님 귀는 당나귀 귀'라는 말이 큰 소리로 울려 퍼졌다는 이야기가 있다. 실제로 임금의 귀가 길어서였다기보다는, 백성들의 고통에 찬 소리를 듣지 못하는 신라 정부를 꼬집는 뜻이 담겨 있다고 볼 수 있다. 이 무렵의 사정은 사진의 해인사 묘길상탑에서 발견된 벽돌판의 글에 잘 나와 있다. '나라 안에 농민들의 봉기가 일어나지 않는 곳이 없으며, 굶어 죽은 시체와 전쟁으로 죽은 해골이 들판에 별처럼 흩어져 있다.'는 내용으로, 이 역시 최치원이 지은 글이다.

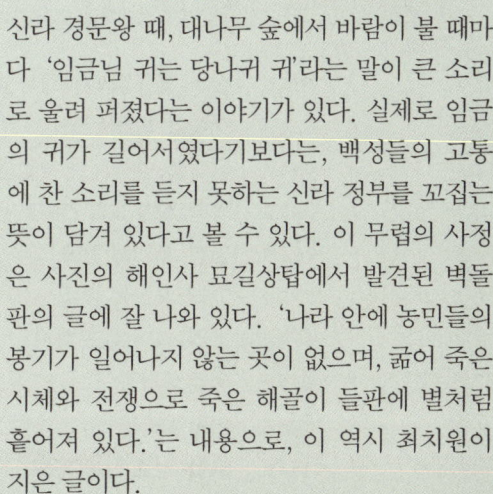

실상사 전경

신라 말 선종의 9개 으뜸 사찰 중 하나이다.

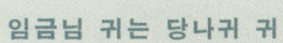
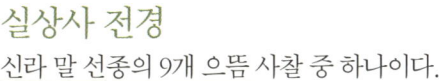

6장

후삼국을 넘어 하나로

역사 연대표

- 676년   신라, 대동강 이남에서 당군 몰아냄
- 698년   대조영, 발해 건국
- 751년   김대성, 불국사와 석굴암 건립
- 828년   신라, 장보고의 건의로 청해진 설치
- 900년   견훤, 후백제 건국
- **936년   고려, 후삼국 통일**
- 958년   고려, 과거 제도 실시
- 1019년   귀주 대첩
- 1126년   이자겸의 난
- 1135년   묘청, 서경 천도 운동
- 1170년   무신 정변
- 1198년   만적의 난
- 1231년   몽골의 1차 침략
- 1275년   응방 설치해 원에 바침
- 1366년   전민변정도감 설치, 개혁 추진

개성에 있는 고려 태조 왕건릉

예성강 자락에서 일어나 바다를 누비고 벌판을 내달리던 고려가 마침내 천하를 다스리게 되었다. 신라 천 년의 빛나는 전통을 끌어안고, 백제의 마음씨와 고구려의 굳센 기상을 오늘에 되살려, 만백성의 근심을 덜고 더 나은 사회를 만들고자 노력했다. 고려는 그렇게 우리에게 다가오고 있었다.

신라 최후의 임금 경순왕의 아들은 끝까지 항복에 반대했으나 일이 뜻대로 되지 않자 삼베옷으로 갈아입고 금강산으로 들어갔다. 마의태자라 불리는 그가 망국의 한을 품고 세웠다고 전해지는 불상이다.

충주 미륵대원사 터 석불

그 이전 926년과 934년에는 거란에 쫓긴 발해의 남은 백성들 수만 명이 고려를 찾았다.

발해와 우리는 다 같은 고구려의 자손이오. 환영하오!

만세! 와~!

고려는 사실상 후삼국 통일을 코앞에 두게 되었다.

이제 남은 건 후백제…

한편, 이즈음 후백제에서는

음, 태자는 금강 왕자로 정한다!

신검 왕자님, 고정하세요!

엉엉

안 돼!

아버님이 너무 나이가 드셔서… 판단력을 잃으신 게야!

왕자 신검은 왕위를 이어받지 못하게 되자 아버지 견훤을 금산사에 가두었다.

이제부터는 내가 왕이야!

네 이놈~!

견훤은 간신히 금산사에서 빠져 나와 왕건에게로 가 도움을 청했다.

으이그~ 속상해!

고려

6장 후삼국을 넘어 하나로

 역사 돋보기

택견하는 부처님

고려 왕건은 후백제와의 마지막 전투를 치르고 나서 절을 세우라고 명령하였다. 군사적으로는 고려보다 더욱 강했던 맞수 후백제를 무너뜨린 사실을 기념하기 위해서였다. 개태사. 이 이름에는 크게 열었다는 뜻, 태조 왕건이 개창하였다는 뜻이 담겨 있다. 그는 이렇게 선포하였다. "이제 나라를 어지럽히던 무리는 모두 무찔렀다. 백성들은 안심하고 나라를 위해 일하도록 하라!" 이로써 사실상 후삼국의 통일을 완성한 것이다.

왕건은 미륵 신앙의 전통이 깊은 옛 백제 지역의 충남 논산군 천호산 아래에 이 절을 지었다. 논산 지역의 백성들을 달래고 통일의 걸림돌이었던 후백제의 남은 세력을 물리친 사실도 뽐내고 싶어했다. 이 지역은 그 유명한 백제 계백 장군의 황산벌 전투가 벌어진 곳으로, 군사적으로도 무척 중요하다. 그런 만큼 눈에 띄는 특징이 두 가지 있다.

하나는 삼존석불. 부처 셋이 서 있는 모습인데 우람한 몸매와 툭진 얼굴에 두툼한 손 모양까지, 영락없는 무인의 모습이다. 손 모양만 보면 택견을 하는 듯한 씩씩한 느낌이 물씬 풍긴다.

또 하나는 큰 쇠솥이다. 전쟁을 치르기 위해 많은 군사를 데리고 왔던 왕건은 군사들이 배불리 먹게끔 지름이 2미터 가까이 되는 쇠솥을 만들었다. 이것은 이 지역을 차지하고 후백제를 잡기 위해 왕건이 얼마나 공을 들였는지 짐작하게 해 준다.

개태사 삼존석불

개태사 전경

 덤

경상도 사나이 견훤

'광주 북촌에 사는 아름다운 여인 하나가 밤마다 멋진 옷을 입은 이름 모를 남자와 지냈는데, 그가 어떤 사람인지 궁금하였던 그녀는 어느 날 가만히 그의 뒤를 따라가 보았다. 그런데 그는 사람이 아니라 큰 지렁이가 아닌가! 얼마 후 그녀가 아이를 낳으니, 그 아이가 바로 견훤이다.' 이 이야기는 견훤이 전라도 땅의 신령스런 기운을 타고 태어났음을 강조하고 있다. 하지만 견훤은 경상도 상주 출신이었다. 아버지 아자개는 상주의 호족이요, 성씨도 원래는 이씨였다. 전라도 지역에서 후백제를 이끌기 위해 지어낸 설화로 보인다. 사진은 견훤이 쌓았다고 전해 오는 산성으로, 경북 상주에 있다.

7장

문벌 귀족의 나라

역사 연대표

- 676년   신라, 대동강 이남에서 당군 몰아냄
- 698년   대조영, 발해 건국
- 751년   김대성, 불국사와 석굴암 건립
- 828년   신라, 장보고의 건의로 청해진 설치
- 900년   견훤, 후백제 건국
- 936년   고려, 후삼국 통일
- **958년   고려, 과거 제도 실시**
- 1019년   귀주 대첩
- 1126년   이자겸의 난
- 1135년   묘청, 서경 천도 운동
- 1170년   무신 정변
- 1198년   만적의 난
- 1231년   몽골의 1차 침략
- 1275년   응방 설치해 원에 바침
- 1366년   전민변정도감 설치, 개혁 추진

개성 성균관

이곳은 옛날 국자감이 있던 자리이다. 국자감은 나라에서 세운 대학으로, 많은 인재를 키워 낸 곳이다. 하지만 아무나 드나들 수 없는 곳이었다. 지체 높은 귀족과 그의 자손들만이 학문을 배우며 벼슬에 나아가 다시금 그들의 지위를 이어 가는 터전이었다.

충주 대원사 철불

7장 문벌 귀족의 나라 **91**

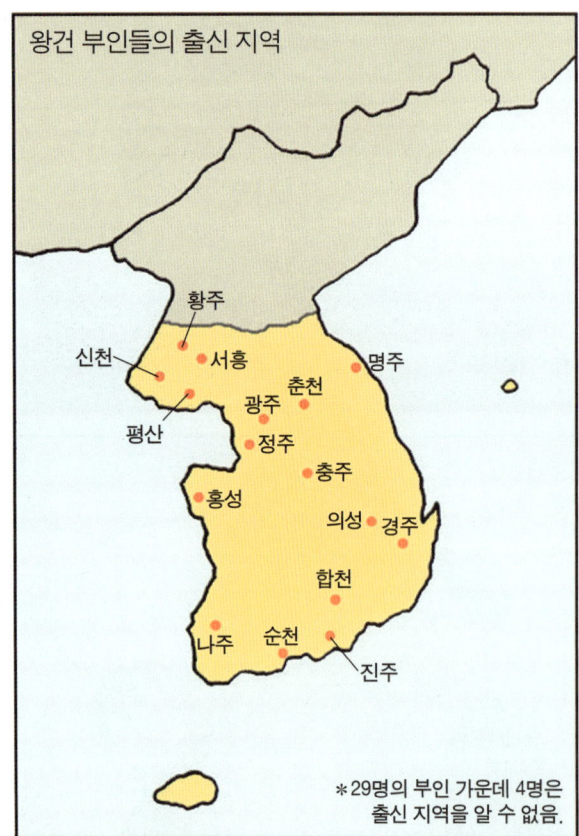

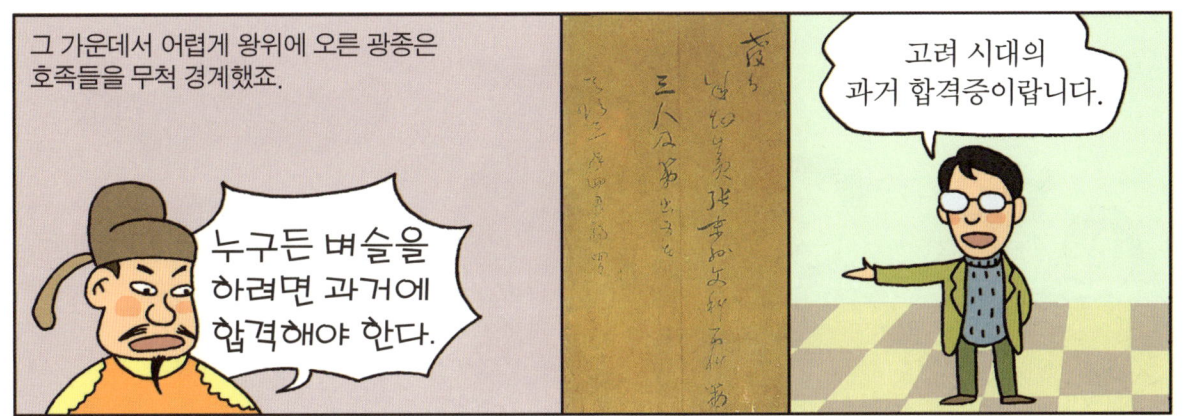

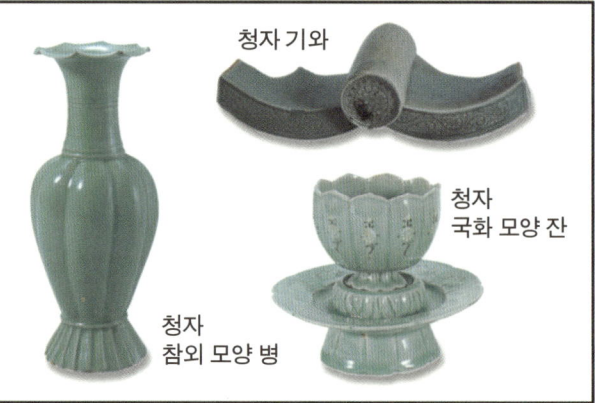

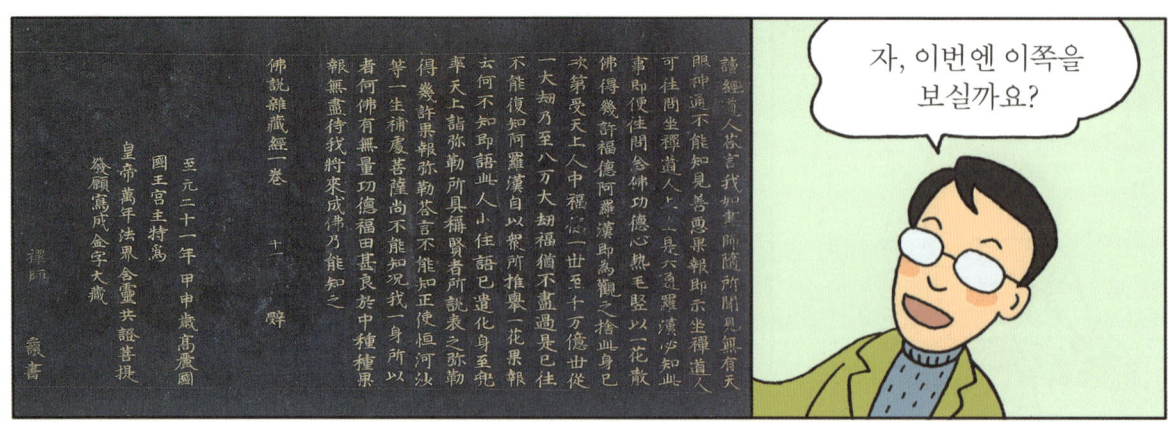

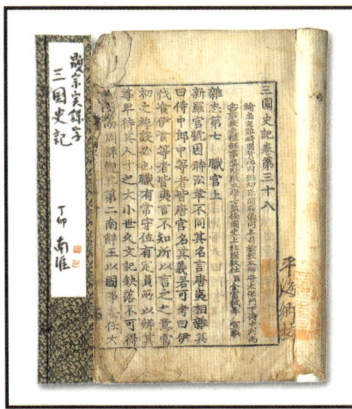 

관촉사 석조 미륵보살 입상

7장 문벌 귀족의 나라 **97**

 **역사 돋보기**

고려 청자의 맛과 멋

고려 청자는 질그릇을 만들어 오던 우리 전통에다가 중국의 도자기 기술이 더해져 탄생하였다. 12세기 전반기에는 순청자가, 후반기에는 상감 청자가 널리 유행하였다. 순청자는 청자의 고운 빛깔과 다양한 모양새가 매력적이고, 특히 그 빛깔은 비색이라 하여 중국에서도 흉내 내기 어려워하였다는 기록이 있다. 상감 청자는 표면에 무늬를 새겨 넣는 상감 기법으로 만든 청자이다. 원래 상감 기법은 청동이나 다른 조각품에 많이 쓰이던 것인데 고려에서 처음으로 도자기에 사용하는 데 성공하였다. 갓 빚어낸 그릇에다 무늬를 새기고 흰색과 붉은색의 흙을 밀어 넣어 멋진 무늬를 만들어 냈다. 이를 가마에 넣고 두 번 구우면 흰색은 더욱 뽀얗게, 붉은색은 검게 되어 푸른 바탕색과 어울려 아름다움을 더해 주었다.

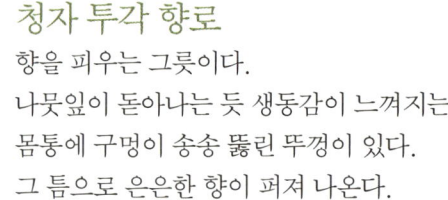

청자 투각 향로
향을 피우는 그릇이다.
나뭇잎이 돋아나는 듯 생동감이 느껴지는 몸통에 구멍이 송송 뚫린 뚜껑이 있다.
그 틈으로 은은한 향이 퍼져 나온다.

청자 동녀 모양 연적
연적이란 붓글씨 쓸 때 벼루에 부을 물을 담아 두는 그릇이다. 정수리로 물을 넣고 가슴에 안은 병 입구로 물이 나오게 하였다.

 덤

청자 참외 모양 병
대표적인 순청자로, 몸체는 참외, 병 입구는 참외꽃이 활짝 핀 모양으로 입체감 있게 잘 빚어낸 것이 특징이다.

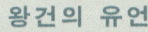

왕건의 유언

왕건은 942년 숨을 거두며 '훈요 10조'라 부르는 열 가지 유언을 남겼다. 여기서 왕건은 부처의 도움을 받았으니 절을 세우라, 서경(평양)은 중요한 곳이니 잘 다듬어 놓아라, 유교 공부를 널리 권하고 정치를 바로 하라는 등의 부탁을 하였는데 흥미로운 것은 절을 짓되 풍수지리설에 따라 지정한 곳에만 세우라는 것이었다. 훗날 풍수지리설로 고려가 몸살을 앓게 될 것을 예상하였던 것일까? 또 하나는 금강 남쪽(옛 후백제) 사람들은 반역의 마음을 품으니 벼슬에 올리지 말라고 못 박은 것이다. 후삼국 통일에 백제가 가장 두려운 존재였던 까닭일 수도 있겠다. 사진은 왕건 때 쌓았다는 평양성 칠성문이다.

8장

고려, 거란·여진과 싸우다

역사 연대표

- 676년　신라, 대동강 이남에서 당군 몰아냄
- 698년　대조영, 발해 건국
- 751년　김대성, 불국사와 석굴암 건립
- 828년　신라, 장보고의 건의로 청해진 설치
- 900년　견훤, 후백제 건국
- 936년　고려, 후삼국 통일
- 958년　고려, 과거 제도 실시
- **1019년　귀주 대첩**
- 1126년　이자겸의 난
- 1135년　묘청, 서경 천도 운동
- 1170년　무신 정변
- 1198년　만적의 난
- 1231년　몽골의 1차 침략
- 1275년　응방 설치해 원에 바침
- 1366년　전민변정도감 설치, 개혁 추진

서희와 소손녕의 담판

비록 낡은 천에 흐릿한 듯 보이는 그림이나 한 시대를 휘몰아쳤던 힘이 느껴진다. 서희 장군은 밝은 지혜와 뛰어난 설득력으로 교만하고 자신감에 넘쳐 있던 거란 장수의 발걸음을 돌리게 했다. 외적의 침략을 조금도 허락하지 않았던 당당함이 그의 표정에서 뿜어져 나온다.

8장 고려, 거란·여진과 싸우다

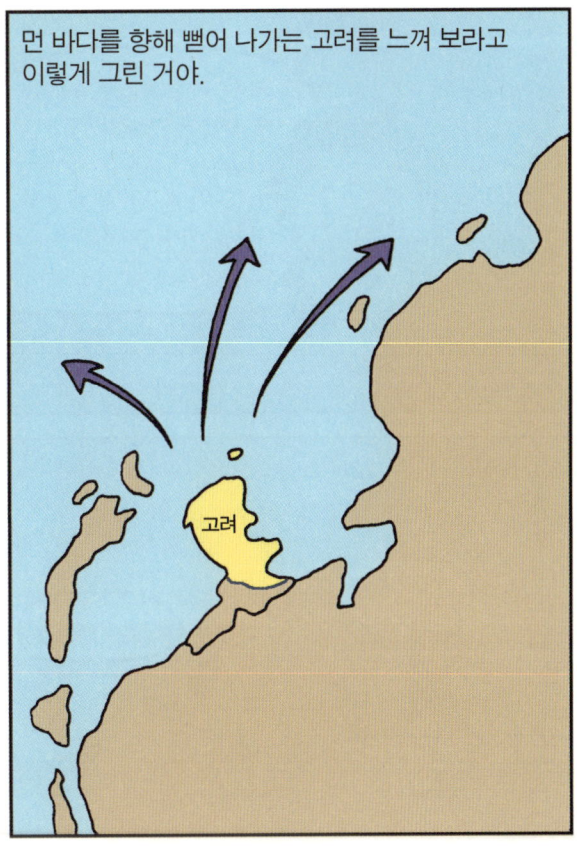

 역사 돋보기

슬기롭지만 약한(?) 나라

1018년 거란 장수 소배압이 10만의 군사를 이끌고 고려로 쳐들어왔을 때, 강감찬 장군이 이를 맞았다. 잘 알려진 대로 강감찬 장군은 이때 귀주에서 거란군을 크게 무찔렀다.

그런데 이 싸움에 나선 고려 군사가 20만 명이 넘었다고 한다. 그렇다면 너무 싱거운 일이 아닌가? 두 배나 많은 군사로 자기네 나라에서 전쟁을 치르는데 지면 바보라는 생각마저 들 정도이다. 일찍이 고구려의 을지문덕은 이보다 훨씬 어려운 여건에서도 수나라군을 몽땅 강물에 빠뜨렸는데 말이다.

여기서 우리가 달리 보아야 할 부분이 있다. 그동안 우리는 알게 모르게 우리 겨레가 비록 군사는 적었지만 지혜를 발휘하여 외적을 무찔렀다고 믿어 왔다. 수나라의 100만 대군에 맞서는 고구려 군사가 얼마나 되었겠는가 하고 물으면 대부분 5만에서 10만 정도였을 것이라고 대답한다.

과연 그런가. 발해에 관한 기록 중에 '고구려는 평소에 30만 명 정도의 군사력을 갖추고 있었다.'라는 구절이 있다. 평소에 30만이라… 전쟁이 벌어지면 당연히 그 이상으로 군사를 모았을 것이다. 게다가 수나라가 부풀려 말해서 100만 군사이지, 당시의 국력과 인구를 따져 볼 때 수나라도 군사를 60만 명 이상은 모으기 어

려웠을 것이라고 한다. 그렇다면 수나라 60만 대 고구려 약 40만 남짓의 군사가 대결한 것이니 고구려가 턱없이 밀릴 이유가 없었던 것이다.

고려도 마찬가지이다. 그렇다면 고려를 외적에 맞설 충분한 군사력을 갖춘 강대국으로 볼 것인가, 아니면 서희나 강감찬처럼 몇몇 지혜로운 영웅에 기대어 나라를 유지한 작은 나라로 볼 것인가?

고려가 거란, 여진, 몽골 등의 계속되는 침략과 전쟁의 과정에서 독립을 유지할 수 있었던 것은 다름 아닌 군사 강국으로서의 힘이 밑받침되었기 때문이라고 할 수 있다.

귀주성
서희와 거란 장수의 담판 끝에 고려가 새로 건설한 강동 6주 가운데 하나로, 거란과의 전투가 벌어졌던 곳이다.

 덤

강감찬은 서울 사람인가?

강감찬은 오늘날의 서울에 있는 낙성대에서 태어났다. 낙성대라는 이름은 이곳에 하늘에서 별이 떨어졌으니 위대한 인물이 태어날 것이라 하여 지은 것이라 한다. 얼핏 강감찬이 서울에서 태어났으니 서울(수도) 사람이라고 생각하기 쉽다. 당시의 관점으로 보면 이 지역은 그때의 서울, 즉 개경에서 제법 떨어져 있는 시골이었다. 그러니 강감찬이 서울 사람이라는 생각은 우리가 역사를 이해할 때 오늘날의 서울을 중심으로, 오늘날의 상식으로 가볍게 생각하는 버릇 때문에 생긴 오해라고 할 수 있다.

9장

고려 백성들의 삶

역사 연대표

- 676년   신라, 대동강 이남에서 당군 몰아냄
- 698년   대조영, 발해 건국
- 751년   김대성, 불국사와 석굴암 건립
- 828년   신라, 장보고의 건의로 청해진 설치
- 900년   견훤, 후백제 건국
- 936년   고려, 후삼국 통일
- 958년   고려, 과거 제도 실시
- 1019년   귀주 대첩
- **1126년**   **이자겸의 난**
- 1135년   묘청, 서경 천도 운동
- 1170년   무신 정변
- 1198년   만적의 난
- 1231년   몽골의 1차 침략
- 1275년   응방 설치해 원에 바침
- 1366년   전민변정도감 설치, 개혁 추진

고려 때의 가마 터와 청자 운학 무늬 매병

파란 가을 하늘에 한 폭의 동양화처럼 학이 날갯짓한다. 구름 사이로 은은한 빛깔이 흐르고 둥근 원들이 우리의 눈길을 잡아끈다. 우람한 어깨에는 무인의 긴장이 서려 있지만, 가냘픈 허리선에서는 다소곳한 여인의 맵시가 묻어 나온다. 청자, 그것은 단지 그릇이 아니다. 흙과 불이 장인의 손길을 만나 빚어진 마술이다.

9장 고려 백성들의 삶

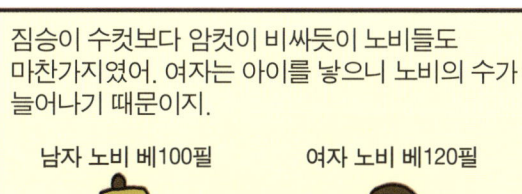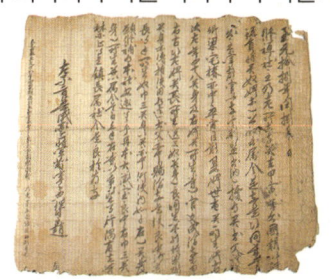

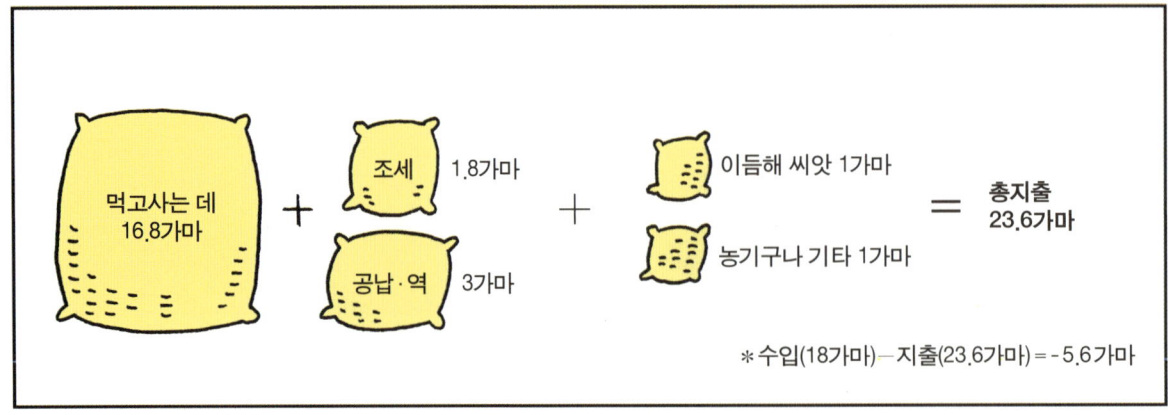

역사 돋보기

고려 시대 여성들은 어떻게 살았을까?

손변이라는 사람이 경상도 안찰사로 부임해 갔더니 여러 해 묵은 남매 간의 재산 소송이 걸려 있었다. 남동생은 "한 부모에서 태어났는데, 어찌 누이 혼자 재산을 갖고 동생은 그 몫이 없단 말입니까?" 하고, 누이는 "아버지께서 돌아가실 때 전 재산을 저에게 주고 동생에게는 검은 옷 1벌, 검은 관 1개, 신발 1켤레, 종이 1장을 주라 하였습니다."라며 다투는 것이었다.
이에 손변이 판결하기를, "자식에 대한 부모의 마음은 같은데 어찌 다 자라 결혼한 딸에게는 후하고, 어미 없는 어린 아들에게는 야박하겠는가? 이는 재산을 고르게 나누어 주면 누이가 동생을 덜 보살필까 염려한 탓이다. 또한 아들이 성장하면 물려준 옷과 관을 갖추어 입고 자기 몫을 찾기 위한 탄원서를 낼 수 있도록 종이를 유산으로 남겨 준 것이다." 하였다.
이에 따라 남매로 하여금 재산을 고르게 나누어 갖도록 하였다. 이것을 보면 고려 시대 여성들의 지위가 생각보다 높았음을 알 수 있다.

고려 시대에는 자식에게 재산을 물려줄 때에도 아들 딸 가리지 않고 골고루 나누어 주었다. 아들 딸 가릴 것 없이 자식들이 돌아가면서 부모의 제사를 지냈기 때문에 아들이나 맏이를 더 챙길 이유가 없었던 것이다. 딸이 물려받은 노비는 결혼을 해도 딸의 소유였고, 딸이 홀로 되거나 죽더라도 시집에서 소유하는 것이 아니라 친정집으로 돌려보냈다.

고려 시대에는 여성들이 가정을 대표하는 호주인 경우도 많았다. 족보에 기록할 때도 남녀의 순서가 아니라 태어난 순서대로 적었다. 남편이 죽으면 재혼하는 경우도 많았고, 이혼한 여자들도 어엿한 새 가정을 꾸릴 수 있었다. 심지어 왕비 가운데서도 재혼한 여인이 있으며, 이때 전 남편과의 사이에서 낳은 자식이 딸린 경우도 있었다.

여자가 호주인 호적

고려 때의 것으로 아들이 있어도 어머니가 호주가 될 수 있었다. 2007년까지 우리나라에서 시행된 남성 중심의 호주 제도는 일제 강점기에 일본이 만들어 놓은 엉터리 전통이다.

 덤

고려 귀족은 힘이 세다

문벌 귀족인 경주 김씨 김부식의 아들 김돈중은 왕의 복을 빈다며 절을 고쳐 지었다. 그는 절 뒷산에 나무가 없다며 마을 백성들을 시켜 소나무, 잣나무 등을 옮겨 심게 하고 화려한 화단을 만들었다. 임금이 머물 방은 더욱 공을 들여 온갖 색깔의 장막을 둘렀다. 문벌 귀족들은 절 하나쯤은 쉽게 지을 만한 경제력을 지니고 있었고, 마을 사람들을 사사로이 불러 일을 시켰던 모양이다. 나무를 옮겨 심는 것은 아무 문제도 되지 않았고, 김돈중은 오히려 큰 상을 받았다. 그 잔치에 쓰이는 것이 고려 청자였다. 사진은 고려 시대에 귀족들이 일상생활에서 사용하던 청자로 만든 베개이다.

10장

개경이냐, 서경이냐

역사 연대표

- 676년 신라, 대동강 이남에서 당군 몰아냄
- 698년 대조영, 발해 건국
- 751년 김대성, 불국사와 석굴암 건립
- 828년 신라, 장보고의 건의로 청해진 설치
- 900년 견훤, 후백제 건국
- 936년 고려, 후삼국 통일
- 958년 고려, 과거 제도 실시
- 1019년 귀주 대첩
- 1126년 이자겸의 난
- 1135년 묘청, 서경 천도 운동
- 1170년 무신 정변
- 1198년 만적의 난
- 1231년 몽골의 1차 침략
- 1275년 응방 설치해 원에 바침
- 1366년 전민변정도감 설치, 개혁 추진

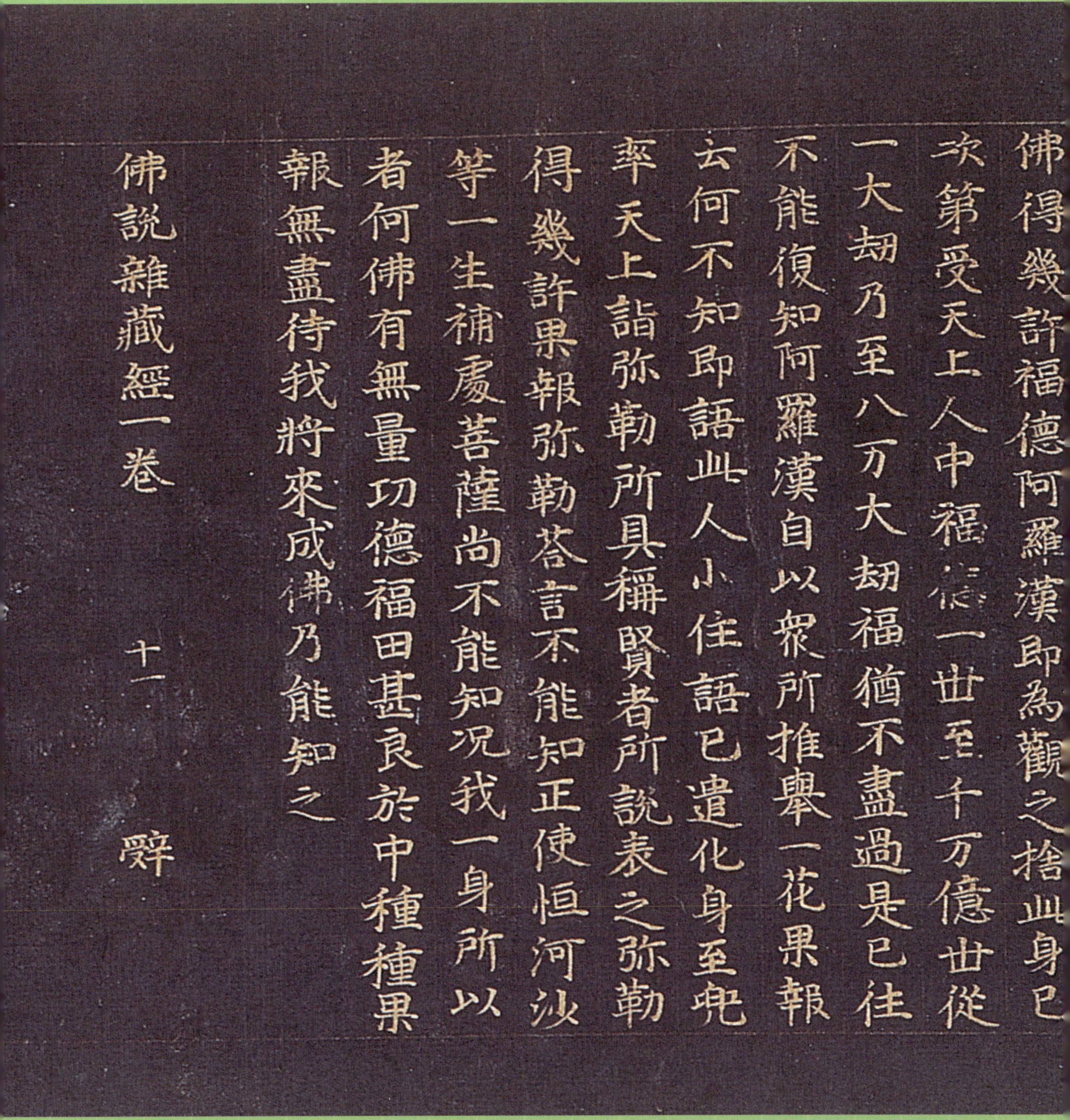

佛得幾許福德阿羅漢即為觀之捨此身已
次第受天上人中福德一世至千万億世從
一大劫乃至八万大劫福猶不盡過是已往
不能復知阿羅漢自以衆所推舉一花果報
去何不知即語此人小住語已遣化身至兜
率天上詣彌勒所具稱賢者所説表之彌勒
得幾許果報彌勒答言不能知正使恒河沙
等一生補處菩薩尚不能知況我一身所以
者何佛有無量功德福田甚良於中種種果
報無盡待我將來成佛乃能知之

佛説雜藏經一卷 十一 辟

금으로 베껴 쓴 불경

고려 귀족들의 높은 벼슬과 넓은 땅과 권세를 무엇으로 알 수 있을까? 금으로 불경을 베껴 쓰면서 간절히 바랐던 행복은 누구의 행복이었을까? 지체 높은 가문끼리 혼인하고 벼슬할 때 서로 끌어 주면서 귀족들의 덩치는 커졌고, 가문은 날로 힘을 키웠다. 이들이 대를 이어 벼슬을 하고 땅을 물려주고 특권을 누리는 사회, 고려는 한동안 귀족들의 판이었다.

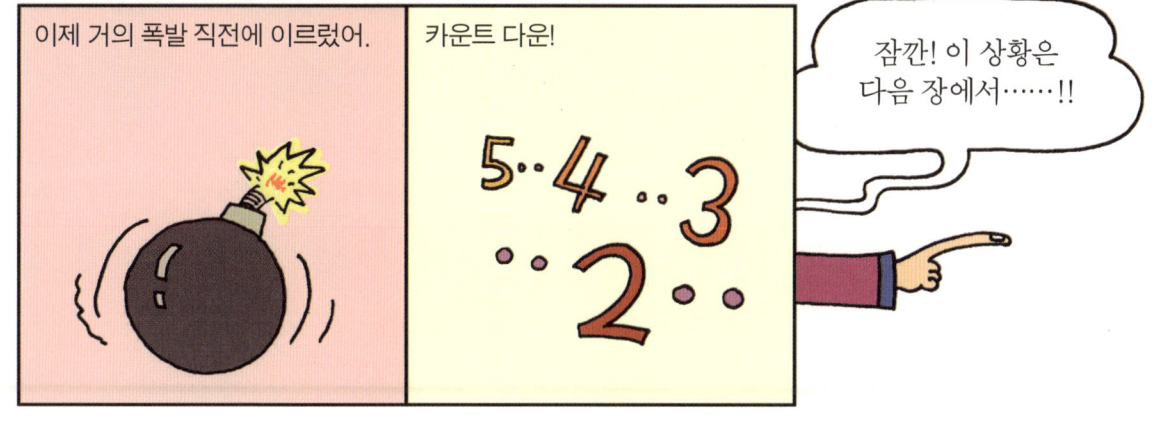

역사 돋보기

우리 역사 천년 동안의 대사건

묘청의 서경 천도 운동이 실패로 끝나면서 묘청은 풍수지리를 내세운 엉터리 스님이라는 누명을 쓰게 되었다.
그러나 일제 강점기 때 민족 운동에 앞장선 역사학자 신채호 선생은 묘청의 서경 천도 운동이 우리 역사를 바꿀 수 있었던 대사건이라고 주장하였다.
묘청은 우리의 전통 사상과 화랑 정신, 불교 정신을 두루 품고 있었는데, 유교와 중국을 섬기는 정신에 찌들린 자들이 그를 억눌렀다는 것이다. 이것은 독립적 정신을 지닌 세력과 중국을 큰 나라로 섬기는 사대 정신을 지닌 세력의 다툼이요, 거침없이 나아가는 진취적 정신과 낡아 빠지고 옹졸한 사상 간의 싸움이었는데, 아쉽게도 묘청 쪽이 패배하였다는 이야기이다.
만약 묘청이 이겼다면 우리 역사는 훨씬 더 진취적이고 웅장한 모습으로 펼쳐졌을 것인데, 김부식을 비롯한 귀족 세력에게 권력이 넘어감으로써 기회를 놓쳤다는 설명이다.
늘 중국의 그늘 아래 살면서 몸을 낮춰 왔던 답답함을

박차고 나온다는 것, 대외적으로 떳떳하고 자신 있는 태도를 지켜 나가는 것, 우리 자신을 높여 부르자는 것 등은 일제 식민지 시절은 물론이고 오늘날에도 참으로 필요한 정신이다.

신채호 선생이 말한 천년 동안의 큰 사건은 이제 새 천년을 맞으며 우리가 만들어 가야 할 것이다. 바르고 씩씩한 자세로 우리 역사를 지켜 가는 것이 바로 일제 강점기 시절 나라를 찾기 위해 노력하였던 신채호 선생의 바람일 것이다.

신채호 사당
충청북도 청원군에 있다. 단재 신채호 선생은 몸소 독립 운동에 참여하면서 우리 역사를 연구한 뜨거운 가슴의 소유자였다.

덤

여기가 명당이로소이다

오늘날에도 우리는 새로 집을 지을 때나 무덤을 만들 때 좋은 땅을 찾기 위해 신경을 쓴다. 옛날에 나라가 어지러울 때 세력가들은 자기가 터를 잡은 곳이 좋은 땅(명당)이라며 사람들의 관심을 끌고자 하였다. 궁예·견훤·왕건이 그러했고, 묘청이 그러했으며, 조선을 세우고 도읍을 정할 때도 풍수지리를 염두에 두고 여론을 보아 가며 결정을 내렸다. 하지만 자기 노력은 하지 않고 좋은 땅만 찾는 것은 잘못된 생각이다. 땅과 인간의 마음이 하나가 될 때 운명도 달라진다는 것을 깊이 새겨야 한다. 사진은 묘청의 건의를 받아들여 인종이 지었던 서경(평양)의 궁궐 터이다.

11장

무신들이 권력을 잡다

역사 연대표

- 676년   신라, 대동강 이남에서 당군 몰아냄
- 698년   대조영, 발해 건국
- 751년   김대성, 불국사와 석굴암 건립
- 828년   신라, 장보고의 건의로 청해진 설치
- 900년   견훤, 후백제 건국
- 936년   고려, 후삼국 통일
- 958년   고려, 과거 제도 실시
- 1019년   귀주 대첩
- 1126년   이자겸의 난
- 1135년   묘청, 서경 천도 운동
- **1170년   무신 정변**
- 1198년   만적의 난
- 1231년   몽골의 1차 침략
- 1275년   응방 설치해 원에 바침
- 1366년   전민변정도감 설치, 개혁 추진

경주 계림

계림은 한때 신라의 조상이 태어난 곳이라 했다. 그러나 세월이 흘러 고려 왕조의 허리춤이 꺾인 곳이기도 하다. 무신 이의민이 임금 의종을 해침으로써 무신이 권력을 움켜쥐었음을 깨닫게 해 주었다. 과연 무신들은 귀족들의 횡포에 시달리던 백성들에게 희망을 안겨 줄 것인가? 백성들의 시름을 달래 줄 것인가? 100년에 걸친 무인의 시대가 오고 있다.

시청자 여러분, 안녕하십니까?

역사 TV 앵커 최한솔입니다.

최충헌, 실권 장악!

1196년 4월, 마침내 최충헌 장군이 나라의 최고 자리에 올랐습니다.

이 소식, 장현수 기자와 함께 알아보겠습니다.

예, 여기는 최충헌 장군의 집 앞입니다. 지금 수많은 축하 손님으로 발 디딜 틈이 없습니다.

웅성 웅성

최충헌 장군에 대해 소개를 좀 해 주시죠.

오늘 무신 정권의 최고 자리 교정 별감에 오른 최충헌은, 유명한 무신 집안 출신으로 상장군이었던 아버지 덕에 과거를 보지 않고 벼슬을 시작했습니다.

아빠, 밀어 줘!

26년 전 무신 정변이 일어났을 때 출세의 기회를 잡았으며,

오늘 무신 정권의 실력자 이의민을 없애고 권력을 잡은 것입니다.

 역사 돋보기

천민 출신 이의민, 세상을 놀라게 하다

이의민은 무신 정권의 권력자 가운데 여러 모로 눈에 띄는 인물이다. 다른 무신들과 비교해도 한층 천한 신분 출신인 데다가, 왕(의종)을 살해함으로써 벼슬이 크게 올랐다. 또한 스스로 왕이 되려는 야망까지 드러내 많은 사람을 놀라게 하였다.

청년 시절의 이의민은 힘이 세고 싸움을 잘해서 자주 말썽을 피웠다. 자연히 관청에 가서 곤장 맞을 일도 많았는데 워낙 맷집이 좋아서 사또가 그를 부하로 삼으면서 벼슬을 시작하였다고 한다. 용감하고 거친 성격에 수박희를 매우 잘해서 임금이 벼슬을 올려 줄 정도로 대단한 무인 기질을 지녔던 모양이다.

무신 정변 직후 무신 정변 지휘부는 쫓아낸 임금 의종을 어떻게 처리할까가 고민이었다. 임금을 해치자니 반역자가 될성싶고, 그냥 두자니 개운치가 않았다. 그러던 차에 이의민이 의종을 살해하였으니, 가장 큰 골칫거리를 해결해 준 셈이다. 이로써 이의민은 출세를 할 수 있었지만, 임금을 해친 몹쓸 놈이라는 비난도 들어야 했다. 경대승이 죽고 권력을 잡은 이의민은 왕이 되고자 하였다. 꿈에 자기 겨드랑이에서 오색 무지개가 피었다고도 하고, 십팔자(十八子, 합치면 李씨)가 왕이 된다는 소문을 자기 얘기인 양 말하고 다니기도 하였다. 나아가 자신의 출신지 경주에서 일어난 봉기를 일부러 막지 않았다고도 한다. 일설에는 당시 김사미와 효심 등 민란 지도자들과 몰래 연락을 주고받으며, 이 일을 계기로 신라를 다시 일으켜 세우겠다는 욕심을 부렸다고 한다. 이는 물론

실패로 돌아갔고 그 자신도 최충헌에게 당했지만 말이다.

정작 이의민의 업적은 따로 있었다. 바로 신분 해방 운동에 큰 자극을 준 것이다. 고려 중기 평민, 천민들은 까마득하게만 보이던 문벌 귀족이 물러나고 평민 출신이 많은 무신들이 권력을 잡는 것을 보고 큰 충격을 받았다. 마침내 천민 출신 이의민이 권력을 잡고 임금 자리까지 노리는 걸 보고는 큰 용기를 얻은 것이다. 만적이 신분 해방을 외치며 '왕과 장수의 씨가 따로 있는 것이 아니다!'라고 한 것은 바로 이의민의 출세에서 비롯된 말이다. 바야흐로 신분보다는 본인의 능력이 중요한 세상을 묘하게도 이의민이 열어 간 꼴이 되었다.

공민왕 무덤의 석상
고려 시대에는 무신이 문신에 비해 천대 받았다.
사진 왼쪽이 무신, 오른쪽이 문신 석상이다.

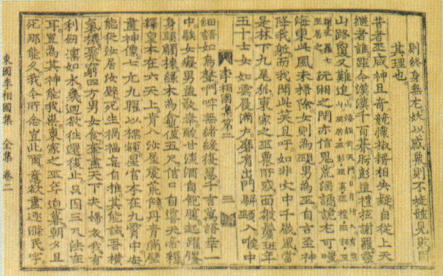

무인 시대 문인의 삶

이규보는 뛰어난 글재주를 가졌으나 당시는 무인들이 권력을 잡은 시절이라 벼슬하기가 힘들었다. 그리하여 32살 때 무신 권력자 최충헌을 찬양하는 글을 지어 벼슬 생활을 시작하였다. 젊은 시절 백성들의 딱한 처지를 걱정하는 시를 쓰기도 하였던 그가, 관리가 되어서는 먹고살기 어려운 백성들이 일으킨 반란을 진압하는 일을 맡기도 하였다. 최충헌의 아들 최우의 눈에 들어 비로소 벼슬이 높아졌다. 이규보는 벼슬을 하고 뜻을 펴기 위해 적잖이 무신에게 아부하는 모습을 보였으나, 빼어난 글솜씨만큼은 돋보이는 사람이었다. 사진은 이규보의 시와 글 들을 모은 책인 《동국이상국집》이다.

12장

이 땅에 천민을 없애자

역사 연대표

- 676년   신라, 대동강 이남에서 당군 몰아냄
- 698년   대조영, 발해 건국
- 751년   김대성, 불국사와 석굴암 건립
- 828년   신라, 장보고의 건의로 청해진 설치
- 900년   견훤, 후백제 건국
- 936년   고려, 후삼국 통일
- 958년   고려, 과거 제도 실시
- 1019년   귀주 대첩
- 1126년   이자겸의 난
- 1135년   묘청, 서경 천도 운동
- 1170년   무신 정변
- **1198년   만적의 난**
- 1231년   몽골의 1차 침략
- 1275년   응방 설치해 원에 바침
- 1366년   전민변정도감 설치, 개혁 추진

청도 운문사

구름처럼 한가롭고 집착하지 않는 마음가짐으로 도를 깨우치고자 했던 절. 지금은 여승들의 불경 소리가 잔잔하게 울리는 고즈넉한 곳. 이곳에서 한때 1만여 명의 성난 농민들이 모여 무신 정권에 대항하여 떨쳐 일어섰다. 그들의 고함 소리는 골짜기를 넘고 강을 질러 온 나라를 뒤흔들었다.

역사 돋보기

말하는 짐승, 노비

고려 신분 제도의 가장 밑바닥에는 노비가 있었다. 남자 노예는 노, 여자 노예는 비라 불렀다. 이들은 관청에 딸린 공노비이거나 개인의 몸종 구실을 하는 사노비로 나뉜다. 사노비의 경우에는 자손 대대로 몸바쳐 일하며 주인의 뜻대로 사고팔리고 또 물려줌을 당하는 신세였다.

고려 시대 남자 노비의 몸값은 베 100필, 여자 노비는 베 120필이었다고 한다. 여자 노비는 아이를 낳아 또 노비를 생산하니 값이 더 비쌌다는 설명이다. 그런데 이 값은 당시의 말값보다도 쌌으니, '짐승만도 못한 인간'이라는 억울한 말을 듣기도 하였다. 이에 부당한 신분의 굴레에서 벗어나기 위해 몸부림칠 수밖에 없었고, 그 대표적인 것이 만적의 난이다. 이 사건을 연극으로 꾸민 대사에서 당시 노비의 심정을 읽어 보자.

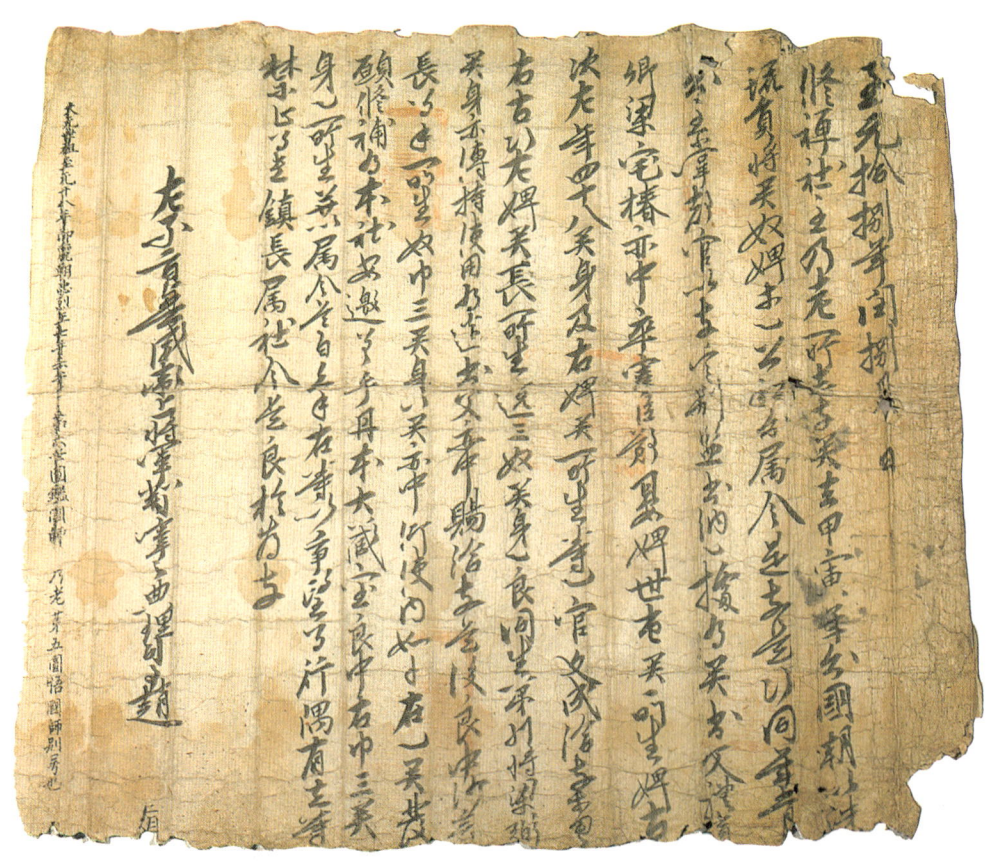

 덤

미근이 : 하루 종일 허리가 부러지도록 일해도 채찍질에 매질이라니 정말 못 견디겠어.

만적 : 다 똑같은 사람인데 어떤 사람은 부리고, 어떤 사람은 시키는 대로 무조건 따르며 살아야 하다니. 한평생 이렇게 사는 것도 억울한데 우리 자식들에게도 물려줘야 하다니 너무하지 않은가?

순정 : 이건 정말 사는 게 아니야. 정말이지 사람 사는 게 아니라구….

연복 : 차라리 도망을 쳐 버릴까?

소삼 : 우리가 도망친다고 그들이 못 잡을 것 같아? 잡히면 본보기를 보인다고 죽도록 채찍질을 할 거야.

순정 : 그럼, 어떡해? 이렇게 살 수밖에 없잖아.

만적 : 왜 그렇게 생각하니? 우린 다 같은 사람이야. 노비 씨 따로 있고, 대감의 씨 따로 있는 것이 아니라고!

백정은 평민인가, 천민인가

고려 시대의 백정은 평민 신분이었다. 군대에 관련된 군역이나 천한 역을 갖지 않은 사람들, 곧 흰 '백(白)' 자와 어른 남자를 뜻하는 '정(丁)' 자를 써서 특별한 역이 없는 평민을 뜻하였다. 백정이 천한 신분이 된 것은 고려 시대 노비들이 신분 해방 운동을 벌이고 나름대로 출세도 하여 백정 신분이 되자, 원래의 평민들이 굳이 차이를 드러내려고 백정이라는 이름을 멀리하면서부터였다. 사진은 만적을 비롯한 개경의 노비들이 봉기 장소로 약속하였던 흥국사에 남아 있는 탑이다.

송광사 노비첩

노비를 물려준다는 내용을 기록한 노비 문서이다. 노비는 물건에 지나지 않았다. 인간답게 살고자 하는 노비의 한은 끊임없는 저항 끝에 차츰 풀리게 되었다.

13장

몽골과 맞선 고려 사람들

역사 연대표

- 676년 신라, 대동강 이남에서 당군 몰아냄
- 698년 대조영, 발해 건국
- 751년 김대성, 불국사와 석굴암 건립
- 828년 신라, 장보고의 건의로 청해진 설치
- 900년 견훤, 후백제 건국
- 936년 고려, 후삼국 통일
- 958년 고려, 과거 제도 실시
- 1019년 귀주 대첩
- 1126년 이자겸의 난
- 1135년 묘청, 서경 천도 운동
- 1170년 무신 정변
- 1198년 만적의 난
- **1231년 몽골의 1차 침략**
- 1275년 응방 설치해 원에 바침
- 1366년 전민변정도감 설치, 개혁 추진

충주성

세계 최강 몽골군이 쳐들어왔다. 온 나라가 슬픔에 잠긴 밤, 충주성을 지키는 이들이 있다. 언제 어떻게 몽골군이 쳐들어올지 모르는 불안감, 무기도 떨어지고 식량도 바닥나 절박한 심정. 그러나 그들은 몽골군을 물리쳤다. 한때 사람도 아니었던, 낮은 신분 때문에 사람 취급도 못 받던 그들이 충주성을 지켜 냈다. 나라를 지키고 우리 역사를 지켜 냈다.

13장 몽골과 맞선 고려 사람들

몽골군은 28년간 6차례나 쳐들어왔지만 고려를 완전히 무릎 꿇게 하지는 못했어.

- 1차 : 1231년 8월
- 2차 : 1232년 6월
- 3차 : 1235년 7월~1239년 4월
- 4차 : 1247년 7월~1249년
- 5차 : 1253년 4월
- 6차 : 1254년 7월~1259년 3월

 역사 돋보기

해인사 이야기

팔만대장경판은 고려 사람들이 온갖 정성을 다 기울여 만든 걸작품이다. 완성하는 데 자그마치 16년이 걸렸는데, 불경은 부처님 말씀이라 하여 글자 하나를 새길 때마다 절을 세 번씩 하였다고 한다. 그러니 틀린 글자가 나오겠는가.

또한 글자를 새기는 데 적어도 500여 명은 동원되었을 텐데도 글씨체가 거의 같아 마치 한 사람이 새긴 듯하다. 그 양도 엄청나 대장경판을 한 장씩 위로 쌓다 보면 백두산보다 더 높이 쌓을 수 있다고 한다. 8만 장이 앞뒤로 새겨져 있으니 실제로는 16만 페이지가 넘는 엄청난 내용이다. 그래서 한 사람이 해석하려면 30년 정도가 걸린다고 한다.

팔만대장경판은 그 내용도 최고이다. 인도에서 중국, 거란, 여진, 일본에 이르는 불교 경전을 두루 모으고 살펴 체계적으로 정리하고 다듬었다. 게다가 지금은 중국이나 일본에서는 찾아볼 수 없는 귀중한 경전이 담겨 있어 인류 문화의 소중한 부분인 불교 사상을 알뜰하게 보관하고 있는 셈이다.

팔만대장경판

 덤

하마터면 사라질 뻔한 문화재

1951년 한국 전쟁이 한창이던 때, 경남 가야산 하늘에는 전투기가 날고 있었다. 가야산에 숨어 있는 북한군을 공격하기 위해 절 건물을 폭파하라는 명령을 받은 것이다. 명령을 받은 공군 편대장 김중령은 몹시 망설였다. 잘은 모르지만 불교에서 귀하게 여기는 유물이 있는 곳을 파괴한다는 것이 마음에 걸렸다. 결국 그는 비행기를 돌렸고, 명령 불복종으로 처벌을 받았다. 그런 그가 살려 낸 것은 바로 팔만대장경판과 1000년이 넘은 해인사 건물이었다.

해인사 장경각 내부

팔만대장경판이 보관되어 있는 이 장경각 건물은 조선 시대의 것이지만, 대장경판 못지않게 대단하다. 창문이 위아래로 나 있어 통풍이 잘 되고 아침저녁으로 온도 차가 거의 나지 않는다. 밑바닥에 숯을 깔아 습기를 막고, 경판 사이에도 틈이 있어 바람이 잘 통한다.

14장

권문세족 활개치다

역사 연대표

- 676년   신라, 대동강 이남에서 당군 몰아냄
- 698년   대조영, 발해 건국
- 751년   김대성, 불국사와 석굴암 건립
- 828년   신라, 장보고의 건의로 청해진 설치
- 900년   견훤, 후백제 건국
- 936년   고려, 후삼국 통일
- 958년   고려, 과거 제도 실시
- 1019년 귀주 대첩
- 1126년 이자겸의 난
- 1135년 묘청, 서경 천도 운동
- 1170년 무신 정변
- 1198년 만적의 난
- 1231년 몽골의 1차 침략
- **1275년 응방 설치해 원에 바침**
- 1366년 전민변정도감 설치, 개혁 추진

미륵하생경 변상도

귀족의 세월을 넘어 무신의 시대를 건너 몽골의 말발굽이 지나간 자리에는 몽골과 손잡은 세력이 둥지를 틀었다. 그들은 예전에 귀족들이 그랬던 것처럼 자신들만의 행복을 빌었다. 온갖 정성을 들여 만든 부처님 그림 속에는 권문세족이 극락으로 가는 꿈이 새겨져 있었다. 나라보다는 자신을, 백성보다는 자식을 떠올리며 기도하는 그들이었다.

고려 정부가 몽골에 항복하자 이를 거부하고 나선 사람들이 있었으니,

우린 끝까지 싸우리라!

바로 삼별초에 속한 군사들이었어. 최우 때 야별초로 출발해 큰 부대가 되었지.

삼별초라면 최씨 정권의 호위 부대?

그래, 맞아!
몽골 군대랑 싸웁시다!
죽어도 좋아~!

삼별초는 배 1000여 척에 무기와 군사를 싣고 강화도에서 진도로 근거지를 옮겨 주로 남해안 일대를 무대로 항쟁을 계속했지.

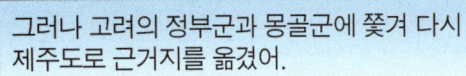

그러나 고려의 정부군과 몽골군에 쫓겨 다시 제주도로 근거지를 옮겼어.

그때 삼별초와 제주도 사람들이 함께 쌓은 흙성이 지금도 남아 있단다. 항파두리성이야.

우리 선생님 말씀으로는 삼별초가 저항한 이유가 따로 있다던데…?

뭐더라? 반대파를 억누르는 구실을 했기 때문에…라고 한 것 같아.

186

14장 권문세족, 활개치다 **191**

14장 권문세족, 활개치다 **195**

 역사 돋보기

슬픈 여인, 고려의 공녀

고려의 신하 이곡이 원나라에 가 있을 때 상소를 하였다. '고려 사람들은 딸을 낳으면 곧 감추고, 오직 들킬까 두려워하여 이웃 사람들도 볼 수 없습니다. 사신이 중국에서 올 때마다 처녀를 잡으러 온 게 아닌가 걱정합니다. 얼마 뒤 고을 관리가 사방을 뒤지고 다니며 여자를 찾고, 만약에 들통 나면 그 이웃까지 잡아들이고 친척들을 가두고 매질하여 고통을 줍니다. 그리하여 중국 사신이 오면 나라 안이 소란하여 닭이나 개마저 편안할 수 없다고 할 정도입니다. 이렇게 뽑힌 공녀의 식구들은 밤낮으로 모여 슬피 우는데, 국경의 헤어지는 곳에 이르러서는 옷자락을 붙잡고 발을 구르며 넘어져서 길을 막고 울부짖다가 슬프고 원통하여 우물에 몸을 던져 죽는 자도 있고, 피눈물을 쏟아 눈이 먼 자도 있습니다.'

귀족의 자식이라고 해서 예외는 아니었다. 벼슬아치였던 홍규는 권세 있는 사람에게 뇌물을 바치면서 자기 딸을 공녀에서 빼 내려 하였지만 실패하였다. 이에 친구에게 "내 딸의 머리카락을 잘라 버리려고 하는데 어떻겠는가?" 하고 물었다.

나중에 이를 안 왕비(원나라 출신의 제국 공주)는 크게 화를 내며 홍규를 가두어 가혹한 형벌을 내리고 재산을 모두 빼앗아 버렸다. 제국 공주는 홍규의 딸 또한

가두고 캐물었다. 딸은, 아버지는 모르는 일이라며 자기 스스로 머리를 잘랐다고 하였다. 제국 공주는 그녀의 머리카락을 휘어잡고 땅에 처박아 놓고는 쇠로 만든 채찍으로 마구 때렸다.

이렇게 끌려간 고려 여인들은 원나라에서 노비가 되거나, 원나라 관리의 둘째 부인이 되는 경우가 많았다. 나름대로 고려인의 슬기로움을 발휘해서 형편이 나아지거나 기씨 부인처럼 황후가 되기도 하였다. 하지만 고국을 떠난 이들의 불행은 누구도 대신할 수 없는 것이었다.

자금성 동육궁 후궁 거리
기씨 부인이 원나라 궁궐의 이런 건물에 살았음직하다. 원나라에 공녀로 바쳐진 그녀는 원나라 황제 순제의 제1황후 자리에까지 올랐다. 그러나 고려에 있는 그녀의 가족들은 그녀의 세력만 믿고서 권세를 휘둘렀다.

 덤

홍복원과 홍다구, 친일파의 조상
홍복원은 몽골이 고려에 쳐들어오자 재빨리 항복하고는 몽골군의 앞잡이가 되어 길을 안내하였다. 이로부터 여섯 차례의 침략 과정 모두 그리하였다. 그의 아들 홍다구는 아비의 자리를 물려받아 몽골의 관리가 되었으며, 고려 왕에게는 인사조차 하지 않았다. 그는 삼별초를 진압하는 몽골군 책임자였고, 몽골군이 일본을 침략할 때도 앞장서서 책임자 노릇을 하였다. 그리고 기회 있을 때마다 고려와 몽골 사이를 이간질하면서 세력을 키웠다. 그의 행동은 친일파의 조상으로서 모자람이 없어 보인다. 사진은 고려 말기의 유학자 이제현이 그린 사냥 그림인데, 사람들이 모두 몽골식 옷을 입고 있어, 당시의 풍속을 짐작하게 해 준다.

15장

개혁의 고빗길에서

역사 연대표

- 676년   신라, 대동강 이남에서 당군 몰아냄
- 698년   대조영, 발해 건국
- 751년   김대성, 불국사와 석굴암 건립
- 828년   신라, 장보고의 건의로 청해진 설치
- 900년   견훤, 후백제 건국
- 936년   고려, 후삼국 통일
- 958년   고려, 과거 제도 실시
- 1019년 귀주 대첩
- 1126년 이자겸의 난
- 1135년 묘청, 서경 천도 운동
- 1170년 무신 정변
- 1198년 만적의 난
- 1231년 몽골의 1차 침략
- 1275년 응방 설치해 원에 바침
- **1366년 전민변정도감 설치, 개혁 추진**

개경 만월대

이런 노래가 있었다. '황성 옛터에 밤이 오니 달빛만 고요해. 폐허에 설운 마음을 말하여 주노라. 아아 가엽다. 이 내 몸은 그 무엇 찾으려고 그리운 꿈의 거리를 헤매고 있느냐.' 황성 옛터 노랫가락이 바람에 실려 500년 고려의 흔적을 들려주고 있다. 낙엽만이 뒹구는 고려의 빛바랜 역사가 돌더미와 풀잎 위에서 손짓하고 있다.

15장 개혁의 고빗길에서 **201**

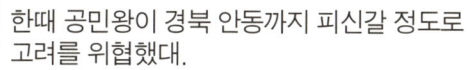

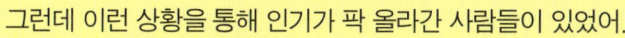

 역사 돋보기

고려 불교의 안타까운 모습

고려 후기 절은 권문세족이 갖다 바친 땅과 이자 놀이로 엄청난 부자가 되었다. 그들은 더 이상 가난한 백성들을 어루만져 주지 않았다. 개혁 또한 거부하였다. 승려들은 도를 닦기보다는 재산을 키우는 데 열중하여 큰 이익을 챙길 수 있는 절의 운영권을 놓고 서로 다투었다. 이에 성리학을 공부하고 개혁적인 뜻을 품은 신진 사대부들의 비판이 쏟아진 것은 당연하였다.

불교에서는 승려들이 교리를 공부하는, 즉 이치를 따지는 이판과 사무를 맡아보는 사판으로 나누어 성장하였다. 우리가 이것 아니면 저것뿐인 선택의 갈림길에 놓여 한 가지를 선택하여야만 할 때 쓰는 '이판사판'이라는 말도, 바로 불교에서 비롯된 말이다. 그런데 사판 가운데서도 절의 운영권을 거머쥐는 자리는 경쟁이 대단하였다. 이 과정에서 승려들은 서로 세력을 과시하려 하였는데, 야외에 단상을 설치하고 설법하는 자리를 열 때면 반대 세력이 들이닥쳐 훼방을 놓는 바람에 행사가 엉망이 되곤 하였다.

그래서 야외에 단상을 설치하고 설법을 하면 항상 혼란스럽다는 뜻으로 '야단법석'이라는 말이 굳어져 버렸다. 야단법석은 고려 후기 불교의 혼란한 모습, 나아가 고려 후기 사회의 혼란한 모습을 상징하고 있는 말로 통하게 되었다.

통도사 장생표
여기에 적힌 논밭을 따져 보면 사방으로 넓게 펼쳐진 땅임을 알 수 있는데, 이것이 모두 이 절에 딸린 토지였다. 대규모 농장을 거느리고 재산 늘리기에 열중하는 고려 후기 불교는 고달픈 백성들을 외면한 지 오래였다.

양산 통도사

덤

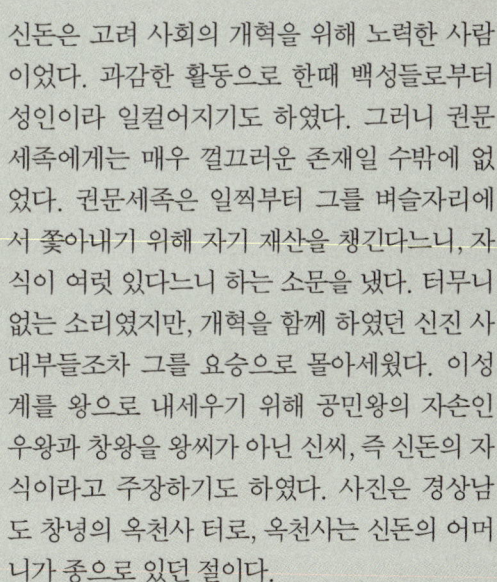

신돈은 요망스러운 승려인가
신돈은 고려 사회의 개혁을 위해 노력한 사람이었다. 과감한 활동으로 한때 백성들로부터 성인이라 일컬어지기도 하였다. 그러니 권문세족에게는 매우 껄끄러운 존재일 수밖에 없었다. 권문세족은 일찍부터 그를 벼슬자리에서 쫓아내기 위해 자기 재산을 챙긴다느니, 자식이 여럿 있다느니 하는 소문을 냈다. 터무니없는 소리였지만, 개혁을 함께 하였던 신진 사대부들조차 그를 요승으로 몰아세웠다. 이성계를 왕으로 내세우기 위해 공민왕의 자손인 우왕과 창왕을 왕씨가 아닌 신씨, 즉 신돈의 자식이라고 주장하기도 하였다. 사진은 경상남도 창녕의 옥천사 터로, 옥천사는 신돈의 어머니가 종으로 있던 절이다.

초등학생을 위한 살아있는 한국사 2
– 통일 신라부터 고려 시대까지

초판 1쇄 발행일 2004년 5월 24일
개정1판 1쇄 발행일 2015년 2월 2일
개정2판 1쇄 발행일 2024년 9월 23일

원작 전국역사교사모임
글 윤종배
그림 이은홍

발행인 김학원
발행처 휴먼어린이
출판등록 제313-2006-000161호(2006년 7월 31일)
주소 (03991) 서울시 마포구 동교로23길 76(연남동)
전화 02-335-4422 **팩스** 02-334-3427
저자·독자 서비스 humanist@humanistbooks.com
홈페이지 www.humanistbooks.com
유튜브 youtube.com/user/humanistma **포스트** post.naver.com/hmcv
페이스북 facebook.com/hmcv2001 **인스타그램** @human_kids

기획 정미영 **편집** 신영숙 **디자인** 김태형 AGI 임동렬 기하늘 **책임 사진** 권태균
용지 화인페이퍼 **인쇄** 삼조인쇄 **제본** 해피문화사

ⓒ 이은홍·윤종배, 2004

ISBN 978-89-6591-585-0 77910
ISBN 978-89-6591-583-6(세트)

• 이 책은 저작권법에 따라 보호받는 저작물이므로 무단 전재와 무단 복제를 금합니다.
• 이 책의 전부 또는 일부를 이용하려면 반드시 저작권자와 휴먼어린이 출판사의 동의를 받아야 합니다.
• **사용 연령 8세 이상** 종이에 베이거나 긁히지 않도록 조심하세요. 책 모서리가 날카로우니 던지거나 떨어뜨리지 마세요.

가장 많은 현장 교사가 믿고 추천하는 우리 아이 첫 역사 입문서!

역사를 공부하려는 학생이 많아지고 있지만 교사의 입장에서 아이들에게 추천할 만한 책은 그리 많지 않은 것이 현실이다. 이 책은 어린이들의 눈높이로 역사를 바라보며 연구하는 선생님들이 집필했기에 믿음이 간다. 처음 역사 여행을 떠나는 아이들의 발걸음을 가볍게 해 줄 책이다.
— 석병배 구리인창초등학교 교사, 역사교육연구소 어린이분과 연구원

중학교에서 역사를 가르치는 나에게 국정 교과서에서 벗어나 다양한 역사 교육을 가능케 했던 《살아있는 한국사 교과서》는 선물과도 같은 책이었다. 이 책을 재구성한 《초등학생을 위한 살아있는 한국사》는 만화로 그려져서 초등학생 아이들도 우리 역사를 쉽게, 그리고 제대로 배울 수 있다.
— 김현숙 서울청운중학교 교사

재미만이 아닌 고증된 사실로 한국사 전체를 꿰뚫어 볼 수 있다. 부록에는 아이들이 흥미로워 할 만한 내용이 수록되어 역사에 관심이 많은 아이나 역사에 부담을 갖고 있는 아이 모두를 만족시킬 것이다.
— 강희 서울은진초등학교 교사

생생하게 살아 있는 한국사를 접할 수 있는 좋은 책이다. 톡톡 튀는 등장인물과 적절한 사진 자료를 사용하여 머릿속에 쏙쏙 들어가도록 구성되어 있다. 이 책에 등장하는 가족처럼 부모님과 아이가 함께 둘러앉아 읽기를 추천한다.
— 이진아 서울진관초등학교 교사

재미있고 말랑해 보이는 만화 안에 탄탄한 내용이 담겨 있다. 암기 위주의 역사 공부에서 벗어나 우리 역사의 여러 사건과 인물에 대해 아이들이 스스로 생각하고 느낄 수 있게 도와주는 책이다. 아이들에게 역사를 어떻게 가르쳐야 할지 고민하는 초등학교 선생님에게도 추천한다.
— 정미란 서울노일초등학교 교사, 역사교육연구소 어린이분과 연구원

재미와 역사 학습이라는 두 마리 토끼를 모두 잡은 책이다. 깊이 있는 내용을 재미있게 서술하여 역사를 어려워하는 아이들도 역사 속으로 푹 빠지게 한다. 특히 '역사 돋보기'로 유물과 유적, 인물 등에 대한 이야기를 더 배울 수 있어 역사 공부에 많은 도움이 된다.
― 김현애 서울영림초등학교 교사

어린이들이 바르고 건전한 역사관을 갖추도록 하면서도, 만화 형식이라 쉽고 친근하다. 역사적 사실과 함께 각 시대별 문화·예술·과학 등에 대해서도 함께 다루어져 생생하고 입체적인 독서 체험이 가능하다. 아이들뿐만 아니라 초등학교 선생님이라면 반드시 읽었으면 한다.
― 손미경 서울연희초등학교 교사

역사적 사실뿐만 아니라 사건의 의미와 흐름을 담아내어 암기 위주의 기존 역사 공부에서 벗어나게끔 하는 책이다. 만화를 통해 이해하기 쉽게 설명되어 한국사의 흐름이 저절로 잡힌다. 더 이상 한국사가 암기 과목이 아님을 깨닫게 해 준다.
― 김민우 남양주별내초등학교 교사, 역사교육연구소 어린이분과 연구원

대부분의 초등학생들에게 역사는 어렵고 힘든 과목일 것이다. 그런 학생들을 보면서 우리의 과거와 현재를 알기 쉽게, 또 재미있게 전하고 싶었다. 《초등학생을 위한 살아있는 한국사》는 이 두 가지 고민에 대한 해답이 담겨 있는 소중한 책이다.
― 우주희 서울대조초등학교 교사

초등학생의 눈높이에서 우리나라 역사를 쉽고 재미있게 이야기하고 있는 책. 역사를 어려워하는 아이도 친근하게 다가갈 수 있고, 역사 탐구 학습의 방법까지 제시하고 있어 어린이를 위한 자기 주도형 한국사 입문서로 좋은 책이다.
― 김아영 서울수리초등학교 교사